本书由宁夏大学全国重点马克思主义学院培育单位建设经费资助

SOCIAL ADAPTABILITY OF
POVERTY ALLEVIATION
RELOCATION
MIGRANTS

易地扶贫搬迁移民社会适应性

宁夏禾润村实践

马莉 著

A CASE STUDY ON
HERUN VILLAGE IN NINGXIA

社会科学文献出版社
SOCIAL SCIENCES ACADEMIC PRESS (CHINA)

目 录

导　论

第一节　研究缘由与研究意义

一　研究缘由

2020 年 11 月 23 日，我国 832 个贫困县全部脱贫摘帽，标志着我国脱贫攻坚战取得了重大胜利。2021 年 2 月 21 日，中共中央、国务院发布《关于全面推进乡村振兴加快农业农村现代化的意见》的中央一号文件。文件明确指出，解决好"三农"问题，仍是未来全党工作的重心所在，要坚持将全面推进乡村振兴作为实现中华民族伟大复兴的一项重大任务，举全党全社会之力，加快农业农村现代化，让广大农民过上更加美好的生活。易地扶贫搬迁是针对生活在"一方水土养不好一方人"地区的贫困人口实施的一项专项扶贫工程，也是我国实现脱贫致富目标的重要方式。搬迁目标的最终实现不仅需要解决好"搬得出"的问题，更需要解决好移民搬迁之后的社会适应问题。易地扶贫搬迁移民（简称移民）的社会适应问题不仅关系到政府的扶贫项目能否达到预期的目的，还涉及社会的稳定问题。移民只有更好地适应新的自然环境和社区环境，才能真正地扎根于新的安置点，获得稳定的发展，并切实地提高生活质量。

宁夏是我国贫困人口相对集中的西部欠发达地区之一，"西海固"① 属于集中连片特困地区，改革开放后我国对该地区陆续实施了六次搬迁，共迁出了百余万贫困人口。移民搬迁到了水通、路畅、产业兴旺的沿黄灌区，通过采取多种安置方式，移民在新的生活方式下获得了更为完善的公共服务，同时获得了更多的就业机会和收入；通过强化公共服务建设等政策措施，保证了移民的基本生活和生产条件；通过有效的生态治理和补偿措施，迁出区的生态环境得到改善；通过精心设计、全面动员、多方参与、政策配套，保证了移民工程的顺利实施，因地制宜，注重后续产业发展、改善民生。2020 年 6 月，习近平总书记在宁夏视察时强调，"要完善移民搬迁扶持政策，确保搬迁群众搬得出、稳得住、能致富"②。宁夏通过实施"三西"农业建设、"双百"扶贫攻坚、千村扶贫开发工程、百万贫困人口扶贫攻坚战略等，扶贫开发工作取得了巨大成就，中南部地区面貌发生了显著变化，特别是通过大力实施易地扶贫搬迁工程，几十年来累计搬迁生存条件恶劣地区的贫困人口 100 多万人，切实改善了贫困群众的生产生活条件，有效拓展了移民增收致富的空间，也促进了中南部地区的生态修复。宁夏出台了《关于进一步强化易地搬迁后续扶持实施百万移民致富提升行动的意见》，提出在"十四五"期间实施百万移民致富提升行动，通过加大产业扶持力度、精准落实就业帮扶、补齐基础设施短板等举措，带领 100 多万名搬迁群众在共同富裕的道路上跟得上、不掉队。宁

---

① "西海固"名称源于西吉、海原、固原三县名称首字。1949 年 8 月，甘肃平凉地委为剿匪，在西吉、海原、固原三县设"西海固剿匪肃特工作委员会"，"西海固"之名由此产生。1953 年 10 月，设西海固回族自治区，归平凉地委管理，辖西吉、海原、固原三县。1955 年，更名为固原回族自治州。自那以后，行政区划几经变迁，"西海固"逐渐成为宁夏南部山区的代称。

② 国家发展和改革委员会编《人类减贫史上伟大壮举——"十三五"千万贫困人口易地扶贫搬迁纪实》，人民出版社，2021，第 304 页。

夏的实践为易地扶贫搬迁工作提供了宝贵的经验，为全国其他同类地区实施易地扶贫搬迁提供了较好的示范。

笔者早在 2018 年便开始关注易地扶贫搬迁问题，作为宁夏回族自治区哲学社会科学规划项目的主持人，曾经到银川市近郊移民村——禾润村①进行田野调查。在采访移民马玉华老人时，老人这样说："我们搬到首府城市银川，住的房子漂亮得很，娃娃们上学也不用愁了。但是我和老伴都因为年纪大了得了一些慢性病，每个月花在吃药上的钱得 1000 多元，这是一笔不小的开销。以前在我们老家的院子里可以种菜、养羊养牛，但是到了新家院落小了很多，不能再种菜，更不能养鸡养羊，生活开销也多了很多，有时会入不敷出。"与老人交谈之后，笔者想到了王晓毅等在《生态移民与精准扶贫——宁夏的实践与经验》一书中提出的观点，仅通过易地扶贫搬迁无法彻底地改善移民的收入状况，依旧有大量移民在离开原居住地后保持贫困的状态。任国英通过观察鄂托克旗生态移民的情况后发现："迁移不但会使移民的生产生活场所在空间位置上发生变化，而且也会使移民的生产生活方式以及与此相关联的社会结构和文化习俗发生变化。"②从乡村到城镇，从散居到聚居，从熟人社会到"陌生"社会，从过疏化的村落共同体到过密化的城镇社区，移民问题是一个重大的社会变迁问题，它所反映的不仅仅是人口空间的变化，更重要的是人的生产方式、生活习惯、民风习俗、价值观等的社会学上的变化。这些变化对于移民来说，既带来了机遇，也带来了挑战。机遇在于，他们有机会接触到更为先进的生产方式和更为多元的文化，从而提升自身的生活水平和社会地位。而

---

① 本书中所有的人名和地名根据学术惯例都进行了匿名化处理。
② 任国英：《内蒙古鄂托克旗生态移民的人类学思考》，《黑龙江民族丛刊》2005 年第 5 期。

挑战在于，移民面临生产生活方式转型困难、文化融合与认同难题、社会关系重构不易，以及对新地区政策衔接适应压力大等问题。这种变化不仅仅是物质层面的，更是精神层面的，它要求移民在心理、文化和社会等多个层面进行适应和调整。

本研究的田野点是宁夏禾润村，这里的移民是从居住地整村搬迁而来的，他们此前居住的村子属于贫困地区。搬迁前，人们的居住环境不理想，缺水问题严重，居民在看病、交通以及子女的教育方面都遇到了诸多的问题，很难依托原有的环境提高经济水平。2022年，搬迁后的禾润村有常住人口1497人，紧靠水源，交通便利，环境优美，建设了便民中心、净水厂、幼儿园、小学以及日间照料中心等公共服务设施。搬迁之前村人均可支配收入是2802元；截至2021年，禾润村人均可支配收入达到11200元，比搬迁前增加了近3倍。由此可见，禾润村移民在搬迁后生产生活条件得到了很大的改善。对于移民的发展问题，除了需要政府政策上和经济上的扶持外，还需要关注移民能否适应新的自然环境、社区环境，不仅要留得住人，还要留得住心，最终使移民完全融入当地社会，走上致富之路，过上安定与幸福的美好生活。本研究通过对禾润村移民经济适应情况、社会交往适应情况、文化适应情况以及社区治理情况等方面进行调查研究，探寻移民在社会适应过程中存在的问题，提出相应的路径选择，为该地区移民的后续发展提供具有可行性的对策建议，以便移民更好更快地融入当地生活中去。选择禾润村作为本研究的田野点，基于其具有一定的代表性和典型性。作为西部地区的重要省份，宁夏的易地扶贫搬迁工作在全国范围内具有示范意义。而禾润村作为宁夏易地扶贫搬迁的一个缩影，移民群体的生活变化、社会适应等问题，不仅反映了易地扶贫搬迁政策在宁夏的实施效果，也体现了西部地区乃至全国移民所面临的共性问题。通过对禾润村移民的深入研究，我们可以更好地理解易地扶贫搬迁政策对移民群体的影响，为政策制定者和实施者提供有益的参考与借鉴。同时，本研究希望通过对禾润村移民社会适应问题的探讨，引起社会各界对移民群体的关注和重视，为他们提供更多的支持和帮助，促进他们的全面发展和社会的和谐稳定。

二　研究意义

1. 理论意义

易地扶贫搬迁移民社会适应问题是一个人类学、民族学、经济学多学科交叉研究的课题，其中人口迁移理论、社会适应理论是研究的理论基础。本研究通过对易地扶贫搬迁移民的社会适应情况的调查探究，以第一手调查资料为基础，对禾润村移民的社会适应情况及其原因进行分析，一方面可以更好地为相关理论研究提供数据和真实案例，丰富移民社会适应相关文献；另一方面可以填补微观角度下移民的经济、文化、社会交往等方面的研究空白。笔者通过纵向研究（禾润村的过去与现在的对比）和横向研究（对移民社会适应情况的调查包括经济适应、社会交往适应、文化适应、社区治理等方面）相结合的方式，全面分析了移民社会适应的真实情况，对移民的社会适应研究起到了补充作用。对移民社会适应问题的深入探讨，可以进一步揭示人口迁移与社会适应之间的内在联系，以及不同社会、经济、文化背景对移民社会适应过程的影响。这不仅有助于深化我们对人口迁移和社会适应理论的理解，还能够为相关政策的制定提供依据，促进移民更好地融入新环境，实现可持续发展。

2. 现实意义

在实践层面，本研究为移民在实际生活中遇到的各种社会适应方面的问题、困难提出了相应的解决方案，这有利于移民更好更快地适应当地的生活，也有利于促进易地扶贫搬迁地区经济社会的稳定发展，实现易地扶贫搬迁"稳得住、能致富"的目标。搬迁后保证移民后续生计的可持续发展，不仅是搬迁工作具有成效的重要考量标准，更是关系社会稳定和谐的重要内容。"十三五"时期，宁夏易地扶贫搬迁工程已取得了很大的进展。本研究针对易地扶贫搬迁移民的社会适应问题及其优化展开研究，从可持续发展的角度，提出具有针对性的优化策略和解决方案，不仅有利于推动移民社会适应状况的改善，也有利于优化配置安置区社会资源，促进安置区经济社会的协调发展，还有助于揭示移民在适应新环境过程中所面临的深层次社会心理问题，为政府和社会各界提供更加全面、深入的决策参考。对移民社会适应问题的深入研究，可以发现并解决那些隐藏在表面问题之下的深层次矛盾，从而推动相关政策措施的不断完善和优化。此外，本研究还有助于增进社会各界对易地扶贫搬迁工作的理解和支持，形成全社会共同关注、共同参与的良好氛围，为易地扶贫搬迁工作的深入推进提供有力保障。

第二节　概念界定与理论参照

一　主要概念界定

1. 易地扶贫搬迁移民

"移民"一词最早出现在《周礼·秋官·士师》中："掌士之八成：……八曰为邦诬。若邦凶荒，则以荒辩之法治之。另移民通财，纠守缓刑。"这里是在列举士师一职对士进行考核督察的八个方面，并做具体的阐述。在第八种情况下，如果邦中谷物歉收引起饥荒时，就应该采取救济的特殊方式：一方面可以让受灾百姓迁往谷物丰收、价格较低的地区，另一方面可以从丰收地区调运谷物来救灾。这里的"移民"不是一个专有名词，而是动词，即迁移人口。从《辞海》的释义来看，"移民"一词包含两种主要含义，第一种是"迁往国外某一地区永久居住的人"，对应的英文是immigration，更强调进入他国定居的行为；第二种是"较大数量有组织人口迁移"，对应的英文是 resettlement，侧重于有规划、成规模的迁移，像政府主导的扶贫搬迁、灾后安置等。《英国大百科全书》对移民做出的解释认为移民是指常住地发生了长期变更的个人或团体。《美国大百科全书》认为："广义的移民是指个人或团体有相当长的距离的和比较经常性的迁移行动。"在《现代汉语词典》（第7版）中，移民被定义为"居民由一地或一国迁移到另一地或另一国落户"和"迁移到外地或外国去落户的人"。从上述解释来看，移民的概念基本包含距离、时间和过程三个层面，不仅涉及常住地长时间的距离改变，而且涉及迁移的行动。而迁移分为个人迁移和团体迁移。个人迁移一般都是有计划的迁移，团体迁移则是一种组织性的迁移。易地扶贫搬迁属于团体迁移。在我国，团体迁移的移民有四类，一类是由工程性建设（水利、电力、铁路等）引发的工程移民，这类移民通常是非自愿的、被迫的；其余的三类移民都是根据自身实际情况自愿进行迁移的移民：一是由生态环境破坏而引发的生态移民，二是由山体滑坡、泥石流、地震等大型的地质灾害引发的地质灾害移民，三是为了改善贫困生产生活条件而引发的易地扶贫搬迁移民。易地扶贫搬迁移民与生态移民十分相似，都是由生态环境的恶劣而产生的，因此常常被当作一个概念来用，但其实两者是存在一定区别的。从目的上看，生态移民的目的是改善生态环境，而易地扶贫搬迁移民的目的是解决贫困问题。易地扶贫搬迁移民搬迁的原因是"一方水土养不起一方人",选择搬迁或者不搬迁完全是个人或者家庭自愿的。在移民的过程中,政府会给予适当补贴。且易地扶贫搬迁是有条件的,只有居住在地处深山区、自然环境恶劣且深度贫困的村庄,才有资格进行易地扶贫搬迁。综上,易地扶贫搬迁是在国家政策号召和指导下,移民结合自身实际情况进行的自愿搬迁,搬出对象是地理位置偏远、生产生活条件恶劣、自然灾害频发地区的人民群众。

2. 社会适应

社会适应最早出现在达尔文的生物进化论观点中。社会适应是一个跨学科的概念,在心理学和社会学中都占据了一席之地。在社会学研究领域,最早引入社会适应概念的是社会学家赫伯特·斯宾塞(Herbert Spencer)。斯宾塞通过研究达尔文的生物进化论,创造性地将进化论中所提到的生存、适应和竞争等核心要素应用到社会学中,并认为人与其他自然界生物一样都存在适者生存、优胜劣汰的生存法则。因此,作为社会中的人需要不断调整自己的状态,从而适应环境,做到与社会环境相契合。国内学者李廷宪主要从社会化的角度来考察社会适应,指出社会适应是微观个体对变化的一种多维度反应。这种变化主要是环境和微观个体自身的变化,微观个体在面临新环境的变化时通过多维度的调节,不断调整自己的行为以便在适应的过程中能够维持良好的生存状态。实际上,综观国内外有关社会适应的研究不难发现,社会适应经常与社会融入、社会融合等概念交叉混用。在社会学的相关研究中,社会适应主要适用于针对各种类型的移民开展的研究,有如下两方面的研究取向。[1]

一是现代性的研究取向。这方面的研究注重将移民放在城市化

---

[1] 李廷宪等编著《社会适应论》,安徽人民出版社,1998,第63页。

的背景中进行分析，进城的农民工作为特殊的城乡移民在现代性的研究取向中较为常见。移民的社会适应不仅受到具有现代性特征的城市文化影响，也受到具有乡土特征的乡村文化影响。因此，移民的迁移不仅体现在空间地理位置的改变上，也是移民从传统向现代、从乡土向城市转变的一个过程。这个过程充满了现代性的特征，更加强调移民与城市文明相融合。但实际的情况是移民进城后在整个社会适应的过程中并不只存在完全接纳城市的现代性这一种情况，有可能继续保持原有的乡土文化特征，也有可能在乡土文化和现代性之间游离。周晓虹指出，"农民在适应城市生活的过程中，其自身的流动经历能够为他们在接纳城市文明的现代性中起到关键性作用"[①]。李强、李凌认为现代性和乡土性都会对移民的社会适应产生影响[②]，这实质上揭示了两种文化并非对立的关系，而是相互接纳、融合的关系。

二是社会化的研究取向。在移民进入城市后，整个社会环境均被改变，移民通过学习适应城市生活的过程也是一个继续社会化的过程。社会化的研究取向具有一定的阶段性，包括从最初的行为适应阶段到最终的同化阶段。国内有关的研究主要关注城市适应性的两个层面，即经济层面的适应、社会层面的适应。经济层面强调职业、收入等要素，社会层面强调社会交往和生计方式。同时，在针对三峡外迁移民的研究中，郝玉章、风笑天认为移民的社会适应是移民通过对心理状态和行为模式进行自我调适，促进移民不断社会化的过程。[③]

① 周晓虹：《流动与城市体验对中国农民现代性的影响——北京"浙江村"与温州一个农村社区的考察》，《社会学研究》1998年第5期。
② 李强、李凌：《农民工的现代性与城市适应——文化适应的视角》，《南开学报》（哲学社会科学版）2014年第3期。
③ 郝玉章、风笑天：《三峡外迁移民的社会适应性及其影响因素研究——对江苏227户移民的调查》，《市场与人口分析》2005年第6期。

移民在进入新的安置点后，实际上面临着很大的适应问题，地理位置的变动使得移民离开了自己熟悉的社会空间，原来的生产生活、社会关系网络等都随着空间的转移而发生改变。在发生改变的过程中，移民需要不断调整自己的行为和心理状态来适应城市的生活环境。

3. 移民社区治理

移民社区治理是指移民社区的建设与管理，重要内容是对移民的管理与服务。移民社区的生计发展、文化活动、组织建设、治安维护、矛盾化解以及民主参与等都是移民社区治理的内容，移民的社会适应都与这些内容紧密相关。良好的移民社区治理能促进移民的社会适应，反过来，移民社会适应状况也体现了移民社区治理的水平。

国际上典型的社区治理模式主要有自治型、政府主导型和混合型社区，分别以美国、新加坡与日本为典型代表。自治型社区治理模式强调高度的社区自治，并对社区和与政府的不同分工进行划分，认为政府重在宏观层面，如提供制度保障和法律约束，而社区组织全权负责社区治理的一切相关事务。政府主导型社区治理模式强调政府的核心作用，政府设置专门的治理部门，自上而下实施社区干预与控制。混合型社区治理模式则强调政府部门、社区组织、居民邻里在社区治理中的共商共治，政府侧重于指导、规划、提供经费的间接干预，社区组织侧重于社区服务的直接干预。① 在国内关于社区治理的研究方面，夏建中认为社区治理是治理理论在社区领域的实际运用，是指对社区范围内公共事务所进行的治理。他强调社区治理建立在包括政府在内的社会网络体系基础之上，培育社

---

① 李寒湜、徐德顺、王大树：《中国社区治理现状及探索——以北京市社区治理为例》，《经济研究参考》2015 年第 45 期。

会资本是社区治理的主要目的之一。① 张永理则指出，涉及社区内的多元主体通过合作互动，共同提供公共产品和实施对社区公共事务的管理，完善社区居民自治，实现社区公共生活品质不断提升、社区可持续发展能力不断增强的过程，便被称为社区治理。② 在社区治理主体方面，陈潭、刘璇认为社区治理存在三个层面的主体，即政府组织、社区组织和社区公众。③ 夏建中认为，社区组织、居民、志愿组织、市场组织以及政府组织等都是社区治理的主体。④ 在对社区治理内容的研究中，李文静从任务目标与过程目标两个方面对社区治理的内容进行了分析，过程目标包括增强居民的自主互助能力和团结行为能力，任务目标包括救助弱势群体、增进居民福祉以及满足生活需求三个方面。⑤

二　主要理论参照

1. 人口迁移理论

19世纪中后期，随着第二次工业革命的完成，西方世界社会生产力不断提升，为了追逐更大的利益，出现了大规模的人口流动。一方面是人口从乡村大规模迁移到城市，从19世纪开始，人口开始大规模地向城市集中，到20世纪中期，地球城市人口增长了23倍以上。另一方面则是规模同样庞大的跨国迁移，如世界银行在1984年的报告中指出：1850～1910年，北美人口增长有1/3来自外国劳工的迁入。在那期间大规模的人口流动使部分西方学者

①　夏建中：《中国城市社区治理结构研究》，中国人民大学出版社，2012。
②　张永理编著《社区治理》，北京大学出版社，2014。
③　陈潭、刘璇：《制度赋权、技术赋能与社区能动治理——中国式社区治理的三元里经验及其实践逻辑》，《理论与改革》2023年第6期。
④　夏建中：《中国城市社区治理结构研究》，中国人民大学出版社，2012。
⑤　李文静：《社会工作在社区治理创新中的作用研究》，《华东理工大学学报》（社会科学版）2014年第4期。

开始关注这一现象和这一现象背后的规律与法则。例如，西方公认的人口迁移理论鼻祖拉文斯坦的人口迁移法则就诞生于这一时期。拉文斯坦（Ernst Georg Ravenstein）认为，改善经济状况是人类进行迁移的根本原因，并基于此对人口迁移的模式、结构、机制和时空特征进行了梳理，后期经过不断地研究完善，提出了著名的人口迁移七法则。主要包括：一是人口的迁移主要是短距离的，方向是从农村向工业发达的城市；二是流动的人口首先迁居到城镇的周围地带，然后又迁居到城镇；三是全国各地的流动都是相似的，即农村人口向城市集中；四是每一次大的人口迁移也带来了作为补偿的反向流动；五是长距离的流动基本上是向大城市的流动；六是城市居民与农村居民相比，流动率要低得多；七是女性流动率要高于男性。拉文斯坦认为迁移发生率与目的地之间的距离成反比，也就是说，迁移的距离越长，移民的人数就越少。①

进入 20 世纪，人口迁移的概念更加系统。如赫伯尔将人口迁移规律总结为"推拉"理论，认为人口迁移是由推力和拉力共同引起，即人口迁移是迁出地的排斥力和迁入地的吸引力共同作用的结果。之后博格等学者又以该理论为基础提出了一些新的理论，有效增强了"推拉"理论对某些问题的解释能力。根据"推拉"理论，人们迁移受到推力（原住地不好的经济状况或自然环境）和拉力（基础设施、就业机会）的影响，迁移过程属于拉力与推力作用后产生的一种结果，会使移民搬离原居住地，而前往新的空间生活。拉文斯坦指出，推力和拉力相比，后者相对更为重要。对于移民来讲，推力主要包括恶劣的环境与较差的经济水平，不过并非所有居民都会由于环境与经济不理想而选择迁移，

---

① Ernst Georg Ravenstein, "The Laws of Migration," *Journal of the Royal Statistical Society*, 1885 (48): 167–235.

此时便需要发挥拉力的作用。"推拉"理论推动了人口迁移理论
的完善。

　　"推拉"理论也为移民社区治理提供了重要的视角。在移民社
区中，原有的社会结构和关系网络被打破，新的社区环境和社会关
系需要建立。推力和拉力的概念可以帮助我们理解移民在新环境中
的适应过程。推力可能来自原居住地的社会排斥、经济压力或环境
恶化，这些因素促使移民寻求更好的生活条件和发展机会。而拉力
则来自新社区提供的各种资源和机会，如就业机会、教育资源、社
会服务等，这些因素吸引着移民融入新社区。因此，在移民社区治
理中，应充分考虑推力和拉力的影响，为移民创造更好的生活条件
和发展环境，促进他们的社会适应和融入。

　　2. 社会适应理论

　　社会适应一般指的是人的再社会化过程。移民离开自己的家乡
到一个陌生的环境，会面临再社会化的过程。对于移民的社会适应
研究早已成为学界研究的焦点，不同领域的学者从不同研究视角给
出了相应的定义。心理学领域的学者是从个体适应的角度来进行定
义或研究的，其主要是从能力方面来考察个体对于新环境的适应状
况。这种能力包括以下一些方面：个人生活自理能力、基本劳动能
力、选择并从事某种职业的能力、社会交往能力、用道德规范约束
自己的能力等。如果个体具备这些能力，说明其社会适应状况良
好；反之，说明其社会适应状况较差。多数心理学者认为，当个体
面临新环境时，一般有三种基本的适应方式：一是改变自身价值观
与态度，调整自身行为以适应新情境下的规范与准则；二是改变环
境使之符合自身的心理状态与行为特征；三是规避与无视环境的变
化，继续用旧环境下的价值观念在新环境下做出行动，但这也造成
了个体的焦虑。心理学领域的社会适应主要从个体的主观感受来进

行考察，而社会学领域的社会适应除了个体主观适应之外，还有客观方面的考察，主要从社会学的角度来考察。李廷宪认为社会适应是个体面临新环境时通过对自我生理与心理状态的主动调节，进而调整自己的行为模式以在新的环境中维持自己良好的生存状态的过程。① 郝玉章、风笑天认为移民的社会适应是行动者通过对自我心理状态与行为模式的主动调整，使之融入新环境，并不断地社会化的过程。在这个过程中，个体逐渐地发展出与新环境相匹配的知识、技能和价值观，不断地采取与其相符合的行动以适应新环境。反之，个体则会陷入困惑当中。②

在整个社会适应的过程中，包括生产方式的适应、生活方式的适应、社会关系的适应三个方面。

其中，生产方式的适应是社会适应的前提和基础，社会关系的适应是社会适应的保障，生活方式的适应是前两者的直接反映，三者相互作用、相互影响，共同完成社会适应的过程。③ 移民在进入搬迁地之后，实际上面临着社会适应的问题。如果这三个方面适应得不好，对于其今后生产生活的开展将会十分不利，对于后续的可持续发展更不利。本研究综合上述定义的内涵，结合研究对象，将社会适应定义为移民搬迁后通过对新环境的经济、社交以及文化等方面的调整使自身可以更好地适应新环境的过程。在这个定义下，经济适应主要是指移民在搬迁后，调整自身的生产方式以适应新的经济环境，包括就业、创业、农业生产等方面的调整。社交适应是指移民在新环境中建立新的社会关系，包括邻里关系、朋友关系

---

① 李廷宪等编著《社会适应论》，安徽人民出版社，1998。
② 郝玉章、风笑天：《三峡外迁移民的社会适应性及其影响因素研究——对江苏 227 户移民的调查》，《市场与人口分析》2005 年第 6 期。
③ 李娜：《滇中彝区易地扶贫搬迁移民的社会适应——以永仁县彝族移民为例》，《毕节学院学报》2010 年第 7 期。

等。文化适应则是指移民接受并融入新的文化环境，包括语言、风俗习惯、宗教信仰等方面的调整。这三个方面的适应是相互关联、相互影响的，只有在这三个方面都取得良好的适应，移民才能在新环境中获得稳定的生活和发展。因此，对于移民来说，社会适应不仅是一个必要的生存过程，也是一个促进其可持续发展的重要因素。

3. 社会支持理论

社会支持指的是个人通过社会交往所拥有的各种关系资源，在这种关系资源中，个人能够获得物质支持、精神援助、信息服务与新的社会交往。实际上社会支持就是一种关系网络。社会支持理论认为，一个人所拥有的关系网络越强大，就越能够获得更多的支持，从而能够更轻松地应对不同的环境带来的不同挑战。个人所拥有的社会支持数量取决于个人关系网络的广度以及网络中的人所能提供支持的程度。不同的学者对社会支持的本质有着不同的理解。李强认为，社会支持是个人通过日常的社会交往所建立的一种能够帮助自身缓解紧张状态、增强应变能力、促进社会适应的关系网络。在这个关系网络中，可能有多方面的支持与帮助，如亲人、朋友、所在单位、社区以及社会组织等。[①] 程虹娟等则从不同的角度总结了社会支持的内涵。一是从社会互动关系来定义社会支持。社会支持不只包括关系网络内某一成员对自身的单向帮助，还强调一种双向的社会互动与社会联系，关系网络中的成员往往是通过交换来获得彼此间的支持。二是从社会行为性质来定义社会支持。社会支持主要给处于关系网络中的个人提供三个层次的信息：第一层次是使个体相信自身被爱的信息；第二层次是使个体相信自身

---

① 李强：《社会支持与个体心理健康》，《天津社会科学》1998 年第 1 期。

有尊严的信息；第三层次是使个体相信自身是这个关系网络中的成员的信息。三是从社会资源的作用来定义社会支持。社会支持是指自身建立的关系网络中成员之间的资源交换与资源共享。① 因此，关系网络影响着移民社会适应水平的提高。移民在搬迁过程中的社会支持是从社会资源角度来表现的。在这个过程中，移民会获得两种社会支持：一种是正式支持，来自政府、就业单位等；另一种是非正式支持，来自亲戚朋友、邻居、当地移民等。对这两种社会支持状况的考察，有助于我们全面了解移民在异地的生产生活情况。本研究对于移民社会关系的考察与探究是由此理论而来的。

第三节　文献综述与研究状况

1. 移民

（1）移民类型研究。当前学术界关于移民问题的讨论众多，因学科视角与研究目的的不同，移民研究呈现多样性。施国庆根据不同的标准将移民划分为不同的类型，从移民的主观意愿视角出发主要有三种类型：被动的非自愿移民、被动的自愿移民、主动的自愿移民；从移民的成因视角出发主要有八种类型：工程移民、灾害移民、战争移民、政治移民、经济移民、生态移民、环境移民、扶贫移民；从移民的迁移方向视角出发主要有五种类型：农村至农村移民、农村至城市移民、城市至城市移民、城市至农村移民、国际移民。② 刘志山根据移民的主观动

---

① 程虹娟、张春和、龚永辉：《大学生社会支持的研究综述》，《成都理工大学学报》（社会科学版）2004 年第 1 期。
② 施国庆：《移民权益保障与政府责任》，吉林人民出版社，2009。

机、迁移的性质和空间距离等将移民分为不同的类型。① 倪瑛在前两者的研究基础上进一步拓展了移民的类型，认为移民主要有市场推动型、政府主导型、发展需求型和环境压迫型等。②

（2）移民动因研究。已有文献在移民动因方面的研究已经相对系统和成熟，所涉及的移民原因也大同小异。在综合前人研究的基础上，倪瑛认为自然灾害因素、政治宗教因素、军事因素、经济因素、生态环境因素和工程建设因素是历史上发生迁移的六种主要动因。③ 施国庆在此基础上进行了拓展和扩充，认为移民的产生有多种动因，但总结起来主要有自然灾害、战争、宗教、政治、经济、环境、生态建设七个因素。④

（3）移民社会适应和文化适应研究。关于移民问题的研究涉及人类学、民族学、经济学等多种学科，研究成果也较为广泛。但从社会学角度来看，搬迁使得移民原有的关系网络发生变化，移民如何融入与适应新的社会环境，成为学界关注的热点问题。因此，移民社会适应和文化适应成为主要研究内容。

移民社会适应研究。包智明和孟琳琳在对内蒙古地区生态移民的研究中指出，生态移民虽然致力于解决经济发展问题，但移民后的发展问题应当从经济、社会、文化和心理等多方面给予关注。⑤ 鲁顺元认为研究生态移民首先要从移民的社会适应着手，其社会适应与否对生态移民工程的成败起着决定性作用。⑥ 唐利

① 刘志山主编《移民文化及其伦理价值》，商务印书馆，2010。
② 倪瑛：《移民经济与西部地区发展》，科学出版社，2012。
③ 倪瑛：《移民经济与西部地区发展》，科学出版社，2012。
④ 施国庆：《移民权益保障与政府责任》，吉林人民出版社，2009。
⑤ 包智明、孟琳琳：《生态移民对牧民生产生活方式的影响——以内蒙古正蓝旗敖力克嘎查为例》，《西北民族研究》2005年第2期。
⑥ 鲁顺元：《三江源区生态移民社会适应问题的调查与思考》，《青海师范大学学报》（哲学社会科学版）2009年第5期。

平、马德峰在对十个三峡外迁农村移民的深度访谈中发现，移民的社会适应过程是移民个体在不断调整自身适应能力基础上逐步以合乎规范的方式适应变化了的环境的过程。[①] 在这个过程中，移民的适应状况并未呈现良好态势，多数移民收支产生逆差，生产生活呈现不适应状况，移民回迁率大幅上升。[②] 解彩霞在考察了三江源生态移民的生活、生产、人际、心理和风俗习惯方面的适应状况后，指出了生态移民存在人际关系和生产技术方面的不适应。[③] 因此，移民的社会适应问题除了空间范围的改变，还涉及移民主体能力增强、关系网络重构、思想观念改变等问题，需要政府、社区、移民自身和社会的共同努力来解决种种困难，实现移民在异地生产生活上的良好适应。[④] 苏红、许小玲在研究中指出，资源被运用于再生、"类型化"知识与情景建构和依靠代理人实现利益诉求是移民实现社会适应的三种主要策略。移民主要通过对各种资源的有效利用与对新资源的不断创造来适应搬迁后的生产生活。[⑤]

移民文化适应或文化认同研究。许多学者指出，移民群体的文化适应可能会比社会适应更重要，移民群体的社会适应和文化适应几乎无法在一代人之内得以完成。相较于其他方面的适应，价值观的改变，或者说对于新文化体系的认同尤为缓慢。马伟华、李修远在对宁夏吊庄移民的服饰、饮食、居住等生活习俗进行调查研究后指出，移民离开原居住地迁入新的生活空间必须改变自身的原有观

① 唐利平、马德峰：《三峡水库外迁农村移民社会适应的社会学解读》，《水利发展研究》2007年第12期。
② 陶格斯：《浅谈镶黄旗生态移民在呼和浩特市郊区的社会适应性》，《华北农学报》2006年第S3期。
③ 解彩霞：《三江源生态移民的社会适应研究》，硕士学位论文，兰州大学，2019。
④ 张铁军：《生态移民社会适应问题研究》，《理论建设》2012年第3期。
⑤ 苏红、许小玲：《三峡移民的社会适应策略》，《思想战线》2005年第1期。

念和行为，与迁入地的生产、生活、文化进行融合，如此才能真正地成为新环境中的一员。① 在生态移民的过程中，城镇化移民可能面临文化适应上的更大困难。对于草原生态移民群体而言，个体所经历的不仅是生活方式上的改变，更涉及伦理观念的彻底变化。移民文化适应的过程，就是通过与异文化群体的日常接触，改变其生产生活模式的过程。移民搬迁后的效果，不仅取决于迁入地的自然社会环境，还与民族文化的适应策略密切相关。移民虽然在语言、文化上存在差异，会对日常交流造成不便，但是随着移民与迁入地居民的熟悉，语言、文化的差异性反而会使得迁入地的语言更加多样化，充满了趣味。

2. 易地扶贫搬迁移民研究

相对于生态移民和水库移民的研究来说，我国在易地扶贫搬迁移民理论和实证方面的研究比较缺乏。但是，随着易地扶贫搬迁工程的持续进行，国内研究易地扶贫搬迁移民的专著与论文数量逐年增加，研究成果相当丰富。目前，我国关于易地扶贫搬迁移民的研究主要集中在搬迁效果评价、搬迁理论、移民发展问题等方面。

（1）搬迁效果评价。研究搬迁效果评价是考察搬迁成效的重要方面。许多研究指出，扶贫搬迁工程在促进移民经济发展的同时，存在许多问题。成随强和刘养卉聚焦于扶贫搬迁群众的就业问题，指出我国在易地扶贫搬迁过程中存在移民就业率低、收入不高、就业结构不合理、信息闭塞、渠道单一的问题。② 叶树根则对黔东南州扶贫搬迁群众进行各方面的综合考察后，指出易地

---

① 马伟华、李修远：《民族地区脱贫攻坚与乡村振兴有效衔接的实践路径研究——基于宁夏闽宁镇的调查》，《贵州民族研究》2022年第4期，第4页。

② 成随强、刘养卉：《易地扶贫搬迁中的就业问题研究——以通渭县为例》，《社科纵横》2013年第3期。

扶贫搬迁存在政策执行偏差、安置地公共服务滞后、搬迁群众增收困难、社会保障力度不够等问题，移民的搬迁效果有待进一步考察。[1]

（2）搬迁理论研究。相关学者在研究搬迁理论时，除了总结国内外理论之外，也结合实践对理论的有效性进行检验。孙永珍在总结国内外研究后指出，易地扶贫搬迁的理论支撑主要有生态贫困理论、韦伯的工业区位论、可持续发展理论、人口迁移理论、社会适应理论等，并对这些理论的主要内容与研究重点做了细致的解释。[2]程丹等运用成本收益理论框架对扶贫农户的搬迁进行了深入分析，指出了影响农户移民搬迁决策的因素。[3]

（3）移民发展研究。推动移民脱贫、促进可持续发展是易地扶贫搬迁工程推行的主要原因与重要目标。因此，移民在搬迁后的发展情况一直以来是学界关注的重点。关于移民的发展问题，主要从移民生计及社会适应两方面展开。

移民生计研究。移民在异地的生计发展是移民搬迁后的第一大问题。覃志敏指出，有土集中安置的移民在搬迁后，面临因资源有限而导致的赖以生存的土地减少的境况，使得本身就存在债务危机的移民面临新的贫困危险，影响并制约后续的发展。同时，社会网络资源的减少和难以获得使得部分移民发展较为困难，而善于建立社会网络的移民，普遍能成为迁入地的乡村经济能人。[4] 在这种生计发展困境下，叶菁菁、王文烂认为加强和完善

① 叶树根：《关于黔东南州易地扶贫搬迁群众后续发展的调查研究》，载《2016 年首届哲学社会科学智库名家·贵州学术年会优秀论文集》，2016。
② 孙永珍、高春雨：《新时期我国易地扶贫搬迁安置的理论研究》，《安徽农业科学》2013年第 36 期。
③ 程丹、王兆清、李富忠：《易地扶贫搬迁研究——以山西省五台县为例》，《天津农业科学》2015 年第 1 期。
④ 覃志敏：《社会网络与移民生计的分化发展——以桂西北集中安置扶贫移民为例》，知识产权出版社，2016。

农村教育与培训机制，增加非农就业机会是促进移民生计发展的重要手段。① 侯双认为政策是改变生计资本的重要力量。农户生计资本会因环境和政策制度的变化而发生变化，政府应当致力于为移民提供与现有生计资本结构相契合的政策扶持，为其生计发展提供政策保障。②

移民社会适应研究。已有关于移民社会适应的研究主要是从自然和生活环境、经济生产、人际交往和文化等方面进行的单一或综合考察。李娜在对滇中彝区少数民族移民的考察中发现，不论是生产生活还是文化习俗，搬迁后移民的原有体系都会受到相当大的冲击，要想完全适应需要一定的时间，主要的问题是语言与文化习俗方面的不适应。③ 对于村内或乡内搬迁（有土集中安置）的移民来说，由于迁入地产业的不发达，普遍在提高经济收入上的信心不足，而其他方面的适应都较好。而扶贫搬迁中的城镇化集中搬迁（无土集中安置）带来的不仅是移民在经济生产上的不适应，同时还带来了社会交往、文化冲突等方面的问题，由此可能产生"想回去又回不去"的市民化困境。移民的社会适应可能是一个长期的过程。黄兰红、徐杰舜、蒋中意从文化人类学角度出发，对武义县九龙山村"下山脱贫"群众的社会适应状况进行综合考察后发现，该地群众的社会适应存在一个过渡期，过渡期后便会实现安全的适应。④ 杨晓柳也认为易地扶贫搬迁工程

① 叶菁菁、王文烂：《福建省"造福工程"成效探讨——基于搬迁农户生计资本的视角》，《发展研究》2016 年第 2 期。
② 侯双：《生计资本、外部环境与扶贫移民生计发展——以甘肃省 L 县集中安置移民搬迁为例》，硕士学位论文，华中师范大学，2016。
③ 李娜：《滇中彝区易地扶贫搬迁移民的社会适应——以永仁县彝族移民为例》，《毕节学院学报》2010 年第 7 期。
④ 转引自郭岚《黄兰红、徐杰舜、蒋中意的〈新九龙山村的幸福生活——武义县九龙山村下山脱贫的人类学考察〉出版》，《广西民族大学学报》（哲学社会科学版）2009 年第 5 期。

涉及的是一个复杂且长期的变化过程，这个过程不仅牵涉移民在各方面的适应，还面临着一个新社区的建立以及更为复杂的生产、生活结构等各方面的重组。关于移民问题的考察更多地应当将其纳入空间的建构视野中。[①]

什么是社会适应？国内学者郝玉章、风笑天认为社会适应是继续社会化的过程，它是通过调节人的心理状态与行为模式来适应新环境。[②] 时蓉华认为社会适应是个人通过改变自己的态度或者行为习惯来适应生活环境的过程。[③] 因此无论是生理上还是心理上的适应，归根结底都是社会适应，它是人们为了适应新环境的变化、为了更好地生活，从心理、行为等主观方面发生改变的一个动态过程。刘宗华从自然环境、基础设施、教育医疗、经济生产以及人际交往五个方面对宜昌市易地扶贫搬迁移民进行了研究，认为部分移民尽管在经济生产方面存在一定的困难，但已适应新的环境，人际交往频繁、融洽。[④] 李娜认为易地扶贫搬迁户的社会适应是一个继续社会化的过程，是渐进的过程，需要很长时间才能够在搬迁后实现心理、生产、生活的共同发展。[⑤] 缑元有、王君华将三峡水库移民的社会适应分为四个阶段，即初级接触阶段、容忍相处阶段、接纳阶段以及同化阶段，移民适应的过程是继续社会化和再社会化的过程，是适应新环境的过程。[⑥] 闫

---

① 杨小柳：《建构新家园空间：广西凌云县背陇瑶搬迁移民的社会文化变迁》，《民族研究》2012 年第 1 期。
② 郝玉章、风笑天：《三峡外迁移民的社会适应性及其影响因素研究——对江苏 227 户移民的调查》，《市场与人口分析》2005 年第 6 期。
③ 时蓉华：《个人的社会化过程》，《上海青少年研究》1983 年第 12 期。
④ 刘宗华：《乡村振兴视角下农民亲环境行为调查——以宜昌市为例》，《西部经济管理论坛》2019 年第 4 期。
⑤ 李娜：《滇中彝区易地扶贫搬迁移民的社会适应——以永仁县彝族移民为例》，《毕节学院学报》2010 年第 7 期。
⑥ 缑元有、王君华：《论水库移民的社会适应性调整》，《华北水利水电学院学报》（社会科学版）2000 年第 3 期，第 3 页。

丽娟、张俊明通过对生产生活、搬迁政策、就业意愿以及移民特征的研究，认为移民不仅需要主动适应生活环境的变化、增强心理抵抗力，还需要政府加强相关的政策支持，经常组织心理疏导、心理健康教育等方面的活动。①

关于社会适应的研究基本是对生态移民、工程移民以及失地农民等对象适应情况的研究，而关于易地扶贫搬迁的研究更多地集中于对搬迁政策、搬迁安置方式、搬迁安置理论以及后续产业发展的研究。对安置区的社会适应的研究较少，所以，对于搬迁户社会适应的研究很重要。本研究就是基于对移民社会适应研究的这一视角，以期弥补相关研究的不足，有所拓展。

3. 移民社区治理研究

国内关于移民社区治理的研究主要有以下几个角度。第一，从社区管理模式角度，倡导建立"政府主导、社区分权自治、居民参与"的移民社区治理框架，构建政策动力与内在潜力、社区共同价值与促进居民成长相结合的移民社区治理格局。② 第二，从文化构建角度，主要针对少数民族聚集的移民社区，主张通过重建文化来整合移民社区，通过文化共同体的构建实现移民社区治理。③ 第三，从社会资本理论角度，重视帕特南所提出的横向网络与纵向网络互动所形成的社会资本。横向网络主要是移民与移民之间、移民与社区组织之间的互动，纵向网络是移民、社区组织与政府之间的互动。④

---

① 闫丽娟、张俊明：《少数民族生态移民异地搬迁后的心理适应问题研究——以宁夏中宁县太阳梁移民新村为例》，《中南民族大学学报》（人文社会科学版）2013年第5期。
② 陈潭、史海威：《社区治理的理论范式与实践逻辑》，《求索》2010年第8期，第3页。
③ 戴庆中：《混杂与融合：少数民族生态移民社区文化重建图景研究》，《贵州社会科学》2013年第12期，第6页。
④ 李庆、黄诗颖：《水库移民社会治理创新研究》，《人民长江》2016年第14期，第6页。

第四节　研究方法与调研过程

本研究采用实地研究的方法，对一个典型移民村落进行研究。由于各地移民村搬迁背景、发展状况差异较大，个案研究的调研点虽然不能代表普遍意义上的一个类型的社区，然而，我们需要认识到，"对这样一个小的社会单位进行深入研究而得出的结论并不一定适用于其他单位，但是，这样的结论却可以用作假设，也可以作为在其他地方进行调研时的比较材料。这就是获得真正科学结论的最好的办法"[①]。在研究过程中尽量避免主观价值判断对观察到的现象与问题形成干扰，对所获取的资料进行客观分析，以求接近事实。

作为典型移民村落的宁夏禾润村，具有显著的代表性和研究意义。搬迁历程、居民适应状况以及社区管理现状，为本研究提供了丰富的素材。深入研究禾润村，有助于我们深入理解易地扶贫搬迁中移民的社会融入问题，以及移民社区管理的现实状况和面临的难题。此外，禾润村的独特情况为研究工作带来了更多观察角度，使得研究工作更为全面。

费孝通指出，人文世界无处不是田野。[②] 巴西人类学家佩雷诺认为，只要存在差异、存在不同，就有人类学的田野。正是在这种思想的指导下，笔者把 2018 年的区级课题调研和与禾润村移民的接触当作广义的田野工作。从 2020 年 8 月至 2022 年 6 月，笔者先后四次到禾润村进行田野工作。为了更系统、更全面地对移民进行研究，只有广义的田野点是明显不足的。按照费孝通的说法，有必

---

① 费孝通：《江村经济》，北京联合出版公司，2021。
② 转引自荣仕星、徐杰舜主编《人类学本土化在中国》，广西民族出版社，1998。

要把调查限定在一个小的社会单位内来进行，必须接近被调查者，以便进行密切的观察。① 笔者于 2020 年 8 月、2021 年 5 月、2022 年 1 月、2022 年 6 月先后四次到禾润村进行田野调查，并于 2022 年 1 月到禾润村进行专门针对禾润村移民社会适应问题的访谈。在田野调查过程中，笔者与被访谈对象建立了良好的关系，方便了后期资料的增补工作。

1. 文献研究法

文献的收集是在明确研究主题的基础上，根据相关研究问题的著作、期刊文章、博士学位论文、硕士学位论文、会议论文、年鉴甚至媒体报道、互联网信息等，通过对相关中外文数据库、互联网、书籍、报刊进行广泛又不失重点的查询，以对与本研究相关的已有研究成果有全面的了解，为本研究做铺垫。在文献收集的过程中，重点是将收集到的文献进行细化的梳理，便于笔者的实地调查和写作。了解宁夏禾润村的地理概貌、产业发展及当地的人口、民族、风俗、宗教以及社区建设等方面的知识，以此总结禾润村的发展状况及特点。在禾润村找到的文献包括禾润村村委会近些年的工作日志、村民代表大会记录、党员会议记录、民情小报及村委会门口公告栏中张贴的公示信息等，还包括笔者在禾润村村史馆中收集的一些报纸、信件、证件等历史资料。笔者通过对与本研究相关的文献资料、地方志资料、官方统计资料、著作、论文进行细致的阅读、分析和总结，为本书的写作提供了理论支持。对于禾润村移民社会适应问题的研究不仅需要实地的调查，还需要对已有文献进行研究，这是开展研究的第一步。

2. 参与式观察及深度访谈

参与式观察就是通过与研究对象接触，进入研究对象的社会

---

① 费孝通：《江村经济》，北京联合出版公司，2021。

结构中，参与当地人的生活，体验他们的生活内容，理解他们的生活和他们对生活的看法。笔者前往调查点，深入移民的生活，观察并了解其生活的情况，掌握第一手真实的资料。访谈是社会学这门学科一种重要的调查研究方法。访谈分为结构式访谈和半结构式访谈两种。所谓结构式访谈，即研究者的访谈内容是固定的，一般按照事先拟订好的调研提纲对访谈对象进行访谈。访谈内容一般围绕研究目的和调查主题。半结构式访谈则是访谈者不带目的性地和访谈对象进行交流的一种访谈形式。访谈内容比较灵活、弹性较大，访谈的时间也较长，会就某一话题进行深入细致的交谈。这种访谈形式也被称作深度访谈。笔者在调研时选择对禾润村村委会成员、村民小组组长、小学的领导、村医疗卫生服务站的医生、村里的致富带头人、村里上了年纪的老人、在城市打工的农民，以及村里从事不同职业的其他村民进行访谈，共访谈了 98 人次，访谈时间和地点比较灵活，有时在村委会，有时在村委会服务大厅，有时在田间地头，有时在村口人流聚集地。这些访谈对象都是对禾润村的变化发展和当前的情况比较了解的人，他们为笔者提供了丰富的信息。通过访谈，笔者初步总结了移民对安置点的看法，分析了移民在适应新的社会环境时遇到的问题。

3. 问卷调查法

本研究通过问卷调查的方式，向禾润村的村委会成员、村民等不同职业领域的人发放调查问卷 226 份，收回有效问卷 208 份，问卷有效回收率为 92%。问卷调查采取分层抽样的方法，在 208 份有效调查问卷中，男性共 137 人，女性共 71 人；在年龄分布上，20 岁及以下的 10 人，21~30 岁的 48 人，31~40 岁的 55 人，41~50 岁的 47 人，51~60 岁的 25 人，60 岁以上的 23 人；在文化程度分布上，没有受过教育的 60 人，小学没毕业的 27 人，小学文化程度的 38 人，初中文化程度的 23 人，高中文化程度的 11 人，中专文化程度的 15 人，大专文化程度的 30 人，大学本科及以上的 4 人。调查问卷内容包括基本信息、婚姻家庭情况、经济生活方式、社会交往、村庄治理及发展五个方面。问卷调查的目的是获得禾润村人口结构、婚姻家庭观念、经济发展状况、风俗、教育、医疗、社会保障等方面的数据，进而对禾润村发展变迁的有关情况进行定量分析。

第五节　本研究的逻辑结构

本研究可以分为四大部分。第一部分即第一章，主要陈述禾润村的搬迁史，包括迁入之前的情况和迁入之后的情况，从比较的角度分析易地扶贫搬迁政策的效果。第二部分为第二章到第四章，主要从经济适应、社会交往、文化适应三个维度研究移民在有土集中安置下社会适应的问题，这是从移民自身的角度讨论移民主观适应环境的问题。第三部分即第五章，讨论政府对移民社会适应问题的政策应对，这是从政府的角度来讨论如何解决移民社会适应问题。第四部分即第六章，讨论社区治理在移民社会适应问题中的重要作用，这是从村民自治的角度讨论如何根本性解决移民村落可持续发展和长期融入地域社会问题。从时间顺序来看，搬迁安置仅仅是移民融入社会的开端，尽管这一环节至关重要，但唯有将其纳入基层治理体系，才能助力移民完成向市民身份的转换，真正使其成为推动地方社会发展的动力。

第一章　禾润村的前世今生

禾润村的前身"吊庄",最初的含义是指吊着的、悬着的村庄,至少在老百姓的口中是如此。那么,它为什么会是吊着的呢?有的人说,吊庄像货,是从外地吊来的,所以是吊着的;有的人认为,吊庄像扁担,这头吊着新村,那头吊着老家,所以是吊着的;有的人说吊庄像孤岛,岛内的人都是认识的,岛外的一概不认识,所以是吊着的;还有的人说,吊庄像鲁迅笔下的阿Q,看不起乡下的亲戚,做不了城里的主人。所以吊庄里的村民在初来乍到的日子里面对新环境和新生活是矛盾的、困惑的、尴尬的,甚至是抗拒的。和所有从宁夏南部山区搬迁而来的村子一样,禾润村也有一段"水土不服"的日子。好在政府的援助之手自始至终没有收回,它不仅帮助禾润村的村民在物质上建起了新样式的住宅厂房,而且帮助他们在精神上建起了对新区域的身份认同。

第一节　禾润村出现的时代背景

宁夏南部山区的"西海固"自然条件恶劣,生态环境脆弱。自20世纪80年代开始实施吊庄移民、扬黄灌溉工程移民、易地扶贫搬迁试点移民、中部干旱带县内生态移民、"十二五"中南部地区生态移民、"十三五"易地扶贫搬迁移民。宁夏在易地扶贫搬迁时采用的主要是集中安置的方式，同时综合运用了一些其他的方式。移民迁入地一般处于宁夏北部与中部地区，这些地区在未安置移民时大多为荒地，为了安置移民，当地政府开发了灌溉系统，为移民建设了房屋。集中安置通常采用整村搬迁的形式，涉及人数较多，部分村庄达到上千户。当地也采取了分散安置的方式，移民可选择居住地。一些移民被安置到了具有良好条件的村庄当中，通过插花式的方式与当地人共同生活。除此之外，当地还采用了劳务搬迁的方式，该方式多见于宁夏北部，移民在搬迁后可选择从事一些非农业的活动，就业形式较为丰富。此类移民可以获得与市民大致相同水平的社保，不过不会获得土地。当地也出现了一些自发式的搬迁活动，此类移民并未包含在搬迁计划当中，搬迁时采用的方式主要是购买土地使用权以及房屋等。总体来讲，宁夏当地的移民的搬迁方式较为多元，各种方式都有一定的优势与不足。

宁夏中南部地区经过长期的历史演变，形成了松散型村落。村落的形成与发展有着一定的规律，只要农业生产方式的特点没有改变，村落便会一直存在。宁夏中南部地区的村庄之间物理距离远且各村庄面积大，在田野调查中村庄或村民小组多分散在不同的沟或者山中，村庄面积大于北部地区。但村庄分散带来的负面影响比较明显，人们的生活和生产成本极高。自然禀赋的差异导致生产生活方式的不同，土地的"恩泽"吸引着大量人口向适宜耕种的土地集聚，但宁夏中南部地区土地有限、耕地资源稀缺，人口增长过快导致当地自然资源过度消耗。据资料记载，1949 年至 1997 年，宁夏中南部地区耕地面积由 748.2 万亩增加到 1414.1 万亩，增速近90%。该地区地处黄土高原，自然环境本就脆弱，耕地的大幅扩张使得植被遭到破坏，由此引发了较为严重的水土流失问题。按照联合国的标准，干旱与半干旱地区的人口密度不应超过每平方公里 7 人与 20 人。假如超过该标准，便可能会出现生态失衡的问题。1949 年至 1980 年，宁夏中南部地区的总人口数从 53 万人增加到 158 万人，人口增长将近 2.8 倍。在实施计划生育政策后，尽管控制了人口的增长，但 2000 年时该地区依旧有近 173 万人口，人口密度约每平方公里 54 人。生态失衡问题较为明显的是隆德县与固原地区，两者的人口密度分别为每平方公里 76 人和 165 人，均远超上述临界值。为了保护生态环境，缓解人口压力，易地扶贫搬迁成了当地政府一种必然的选择。

在 1982 年后的 10 年当中，国家每年都会提供 2 亿元的资金，用于解决宁夏与甘肃贫困人口的生活问题，涉及移民 1200 万人，覆盖的土地面积为 38 万平方公里左右。在国家决定开展"三西"建设后，宁夏回族自治区政府进行了深入的研究，规划出了引黄灌溉区用于开发种植，建设吊庄移民基地，满足移民居住与农业生产的需求。吊庄最早见于明朝时期，《嘉靖宁夏新志》中所记载的"为屯种军余十余家所居，春往冬返"，与后世的吊庄模式有相似的迁移耕作特征。随着规模持续扩大，屯田者便长期居住下来，此时劳动力并不会在春冬往返于两地，原有的季节性耕作模式被改变，移民在新的村落里扎根生存。开展"三西"建设时的吊庄与早期的季节性耕作模式有着一定的差异，直接建设了新的基地，可以更高效地整合土地与劳动力资源，使移民能够在新土地上稳定发展。吊庄模式不但明显缓解了生态压力，而且在维持人地关系与保护生态环境方面起到了重要的作用。同时，移民把宁夏北部地区的荒地开垦为绿洲，既实现了对空间资源的整合利用，也有利于将北部地区脆弱的生态系统改造为稳定有序的生态系统。

1983 年，"三西"建设拉开了我国扶贫事业的序幕。《中国农村扶贫开发纲要（2011—2020 年）》将易地扶贫搬迁确定为扶贫开发的重要政策。[①] 1983 年 5 月，宁夏回族自治区确定了首批县外吊庄基地 3 处，涉及人口 79000 余人，主要迁入了中宁与银川两个地区。20 世纪 80 年代中期，宁夏吊庄模式得到了中央的肯定。之后宁夏又采用了不同形式的吊庄，根据地理位置的差异，大致可将吊庄分为县外插花吊庄、县内吊庄与县外吊庄；根据开发类型的差异，大致可将吊庄分为东西合作型吊庄、农业与城郊型吊庄。随着山川资源的优化配置，植被逐渐恢复，荒漠变为良田，移民新村建设趋于完善，进一步推动了宁夏整体环境的向好发展。在长时间的努力下，21 世纪伊始，宁夏已在扬黄以及引黄开发区建设了 24 处吊庄，县外吊庄、县外插花吊庄以及县内吊庄的数量分别为 13 处、5 处与 6 处，为移民提供了近 7 万间房屋，开发出了 56 万余亩的耕地，安置了 350 余万移民人口，其中旱地改水与搬迁的移民数量分别为 8 万人与 26 万人左右。

2000 年左右，我国政府考虑到西部生态环境的特殊性，为改善居民的生活状况，决定采用易地扶贫搬迁的方式，帮助居民脱贫致富。从 2001 年起，宁夏结合本地实际，坚持人随水走、水随人流的搬迁策略，面向缺水、生态失衡以及偏远地区的人口实施搬迁活动，其中重点搬迁的对象主要是六盘山水库淹没区以及水源涵养林区的居民。在农垦国有农场、盐环定扬水灌区以及红寺堡扬水灌区等也实施了搬迁安置活动，涉及的项目达到了 31 个，共开发出了 10 余万亩土地用于移民安置。2001 年至 2005 年，搬迁移民 10 万人，包括六盘山水源涵养林区 4.47 万人和中部干旱风沙治理区

---

① 郑瑞强、王英、涂海华：《适应期扶贫移民生计贫困多维测度与政策蕴含》，《商业研究》2015 年第 11 期。

5.53 万人，覆盖的乡达到了 81 个，一般将移民安置在马家塘、红寺堡以及农垦国有农场等地。在 2006 年后的 5 年期间，完成 20 万名贫困人口的搬迁，涉及的项目近 60 个，移民主要被安置在海原县、中卫南山台子灌区等。据统计，在易地扶贫搬迁试点阶段，宁夏实际搬迁安置人口共计 14.72 万人，生态效益、经济效益和社会效益均得到明显提升。

党的十八大之后，我国决定重点面向灾害频发、生态失衡地区的人口进行易地扶贫搬迁，加快全面建成小康社会的步伐。在这一阶段，宁夏迁出地区仍为中南部 9 个县（区），迁入地区覆盖的地级市为 5 个、县级行政单位为 17 个。在"十三五"期间，宁夏已不满足于有水有地的集中安置要求，所以又探索了一些新的方式，如市场化和政府组织、农村和城镇以及川区和山区相结合等，丰富了移民安置的方式，创新了移民安置的手段与途径。根据要求，易地扶贫搬迁总投资 49.64 亿元，重点放在住房、配套基础设施、公共服务设施、土地权属处置、产业发展和生态建设上，其中县内就近安置 36107 人，劳务移民安置 38422 人，小规模开发土地安置 4610 人，农村插花安置 2921 人。

宁夏通过易地扶贫搬迁实现了生态保护与脱贫致富的双赢，在提高贫困人口生活质量、促进社会稳定方面取得了巨大的成就，在实践的过程中探索出了开发式扶贫、造血式扶贫、精准扶贫与精准脱贫等模式，建立并完善了党政主导、全社会参与的新扶贫机制，巩固了"三位一体"的扶贫格局。宁夏坚持"两不愁三保障"的标准，在 2020 年摘掉了所有贫困县的帽子，为我国全面建成小康社会目标的实现提供了有力的支持，在脱贫攻坚方面做出了巨大的贡献。

宁夏作为国内最早探索易地扶贫搬迁的省份，通过大力实施易地扶贫搬迁工程，几十年来持续搬迁生存条件恶劣地区贫困人口，切实改善了贫困人口的生产生活条件，有效拓展了移民增收致富的空间，促进了中南部地区的生态修复。宁夏的易地扶贫搬迁不仅是一项扶贫工程，更是一项生态建设工程。通过搬迁，大量人口从生态环境脆弱、不适宜居住的地区转移出来，减轻了这些地区的生态压力，促进了生态环境的恢复和改善。同时，搬迁人口在新的居住地获得了更好的生产和生活条件，生活质量显著提高，进一步推动了当地经济社会的可持续发展。

第二节　迁出地概况

禾润村的迁出地白石乡半泽村隶属于宁夏回族自治区，截至2020年末，白石乡户籍人口为13506人。截至2021年10月，该乡辖11个行政村。202省道穿境而过，有县、乡级公路2条，总长49千米；有候车点1个。

一　自然环境

该地区属温带大陆性气候，无霜期短，昼夜温差大，光照充足。年平均气温5.2℃，极端最高气温31.4℃，极端最低气温-21.9℃。无霜期年平均128天，平均年降水量440毫米，年平均日照时数2482.8小时。地处黄土高原中心地带，平均海拔2000米，为土石山区地貌。主要自然灾害有干旱、霜冻、冰雹等。冰雹灾害年均发生次数超过1次，主要发生在6~9月。乡境内有石膏矿层1处。耕地面积15.5万亩，其中水浇地900亩。

二　人口情况

截至2015年末，该乡所辖区域的总人口数量为16731人。在总人口中，回族人口占据绝大多数，为 16699 人，占总人口的 99.8%。2015 年，该乡的人口出生率为 22‰，人口死亡率为 8‰，人口自然增长率为 14‰。此外，该乡的人口密度为每平方公里 83.7 人。

三 生产方式

生产方式是指社会生活所需的物质资料的谋取方式，由生产力与生产关系两部分构成。作为社会发展的核心动力，它不仅决定了人类获取物质资料的效率，还通过生产关系的形态塑造社会结构、政治制度和文化形态，是人类社会存续的根基。生产方式对社会的制约作用体现在多个层面。当生产力水平较低、生产资料匮乏时，社会生产效率难以满足生存需求，分配矛盾随之加剧，劳动者即便辛勤劳作，也可能面临物资短缺、劳而无获的困境。例如在古代农业社会，受制于简陋的生产工具与有限的技术，一旦遭遇灾害或人口急剧增长，农民群体极易陷入终年耕种却难以温饱的境地，这印证了生产力与生产资料对生产结果的直接影响。

在生产工具方面，较为原始和简单。在耕种、犁地等生产过程中基本靠畜力和人力，犁地用二牛抬杠，或者马和驴。家庭条件差的在犁地时会借牲畜或者用人力，主要使用的工具有锄头、镰刀、铁犁、耧、犁耙等。近些年机械化快速发展，但推动机械化发展的原因是劳动力外出，留守老人无力耕种、收割。机械在山坡地、洼地无法操作，地形限制了机械化发展，这是阻碍当地机械化发展的客观因素。在主观因素方面，当地人世代在土地劳作上使用的都是牛、马、骡等，对其具有情感倾向性。老人常说："牛、马、骡的畜力对于土地没有伤害，使用机械会使没有水分的土地更加'瓷实'（土地变硬而无法耕种）。"再加上当地的土地大多是洼地和坡地，只有少量的洪水冲击地（坝地），所以当地人说"宁种一个坝坝，不种十个洼洼（坡坡）"，充分说明了耕种的不易。

在生产运输方面，对于土地少和条件差的农户，每天劳作结束后，回家时有的人会将粮食肩扛背驮回去，有的人用人力车拉回去，有的人用牛、马、骡、驴拉回去。近些年因为家庭经济条件发生变化，同时人们的思想观念随着网络媒体宣传力度的加大和人们眼界的开阔逐渐发生了转变，又因为留守人员的劳作能力有限，新一代年轻人不会使用牛、马、骡等传统牲畜工具，所以日益出现了雇佣他人或者使用自家的四轮车、"三蹦子"等生产运输工具的现象，这是机械化开始的"苗头"。

在生产时间方面，由于气候和土地的原因，种植的作物季节性较强，生产时间不集中；再加上当地以家庭为主要的生产单位，因此在生产时间和具体劳动时间上较为灵活，根据作物的成熟程度由自己做决定，生产上自由度比较大，限制性因素少。

在生产作物的种类方面，当地以"满足自我需求"为目标，缺什么就种什么，但主要种植的还是土豆、玉米。这样的农作物抗旱、耐瘠薄、适应性强、营养价值比较高，且又能做优质饲料。种植土豆是因为其耐寒、抗灾，产量高且稳定，既能当菜食用，也能给牲畜当饲料。在确保能满足自身需求的情况下当地农民才会选择种植经济作物，如荞麦、大小麻子等。半干旱地区的油料作物解决了农民吃油难的问题，同时在丰收年还可以将其出售以缓解家中贫困状况。

四　生活方式

生活方式是指个体及其家庭日常生活的活动方式，涉及穿衣、饮食、居住、出行以及休闲等方面。由于"一方水土养一方人"，一方人就有了独特的生活方式，以及独特的衣食住行习惯、风俗习惯等。

在服饰方面，覆盖皮肤的衣服具有防护和御寒的实用性功能，同时也具有明显的非实用性功能。对于衣服、装饰品等，人们往往将它们作为区分社会地位的标志。此外，服饰还是分辨民族身份的标志，一般情况下根据服饰就能看出民族身份。外人通过服饰就能够快速区分民族身份。

在饮食方面，当地食物结构大致以面、糜子为主，尤其糜子、大米和面相掺形成一种"米饭"（散饭），兼有荞面等杂粮。为了过冬会将土豆放到土窖进行储存，在 10 月底 11 月初还会购买新鲜蔬菜进行腌制，每家有两三个大缸。

在饮用水方面，雨水曾是这里重要的水源支撑，每家都有一两个水窖用来储存夏季的雨水和冬季的雪水。水窖大都分布在山脚下或者山腰处。水的收集比较简单，夏天就是从山顶挖出一条小渠到水窖口，冬天就将门前屋后空白地上的雪扫到一起，等雪黏在一起时，将其倒入水窖。近些年因为盖了大瓦房，所以大多数的家庭在院子里又打了一个水窖，接房屋上的水（比较干净）供自己食用，用山上的水来饮牲畜。虽然收集的水水质较差，但仍然是当地人少不得的依靠。一旦水窖里的水用尽，人们就得到很远的山泉、河边或者其他有水源的地方挑水，如此才能勉强满足基本需求。

在房屋方面，近些年变化比较大。部分村民搬出了窑洞，住进了砖混房（主墙是土，上面小部分是砖瓦），但多数家庭仍然住在土坯房中。在当今社会，住房不仅是遮风避雨、隔热隔寒的栖息之地，更是学习、娱乐、社交的场所，在更加关注满足自身基本需求的同时，还要具有舒适性。

在出行方面，平时去田地里劳作人们走的是羊肠小道，道路崎岖且狭窄，有部分道路在沟壑边，时有牛羊摔死的消息。外出的路较为崎岖且事故和洪水多发，道路周围无人烟，因此通行者较少。

在风俗方面，由于地理位置和环境因素，该地区相对闭塞，受外界影响较小，风俗保存得较为完整，回族的开斋节、古尔邦节、圣纪节等节日氛围较为浓厚。回族服装大体与汉族相近，但在头饰上仍保留着古老的传统，回族男子一般戴白色无檐小帽，妇女头戴圆撮口帽，戴盖头（也叫搭盖头）。盖头，是妇女护头面的头巾，要盖住头发、耳朵、脖颈。传统上，盖头有少女、已婚妇女和老年妇女之分：少女戴绿色的，已婚妇女戴黑色的，上了年纪的妇女戴白色的。不过随着时代变迁，这样的穿戴习俗在慢慢改变，如今并不是所有地方的妇女都会戴盖头了。

在探讨文化娱乐与休闲方面时，我们可以看到文化实际上是一个地区居民生活方式、价值观念以及行为习惯的集中体现。它是在特定的地理环境中，在人们长期共同生活、劳动和交流过程中逐渐形成并传承下来的。文化具有鲜明的地域特色，不同的地理环境会孕育出不同的文化形态。在搬迁前，居民在闲暇时间有自己独特的娱乐方式。男性居民常常会聚集在街头或者小卖部，享受下棋和聊天的乐趣，这是一种社交活动，也是智慧与策略的较量。而女性居民，无论是回族还是汉族，她们的日常生活则更多地围绕家庭展开。她们需要在家烹饪美食、喂养牛羊、缝制衣物以及织制鞋垫等手工艺品，这些活动不仅体现了女性在家庭中的重要角色，也展现了她们对传统手工艺的传承。在空余时间，她们还会制作鞋子和织毛衣，这些活动不仅丰富了她们的日常生活，也成了她们文化生活的一部分。这个村庄的生活状况，在该地区具有一定的代表性，反映了当地居民的生活习惯和文化特色。

五 社会关系

社会关系是人与人关系的总和，其中包含了人与人之间的关系、人与群体之间的关系、人与国家的关系。为了保障和实现人的生存、发展，同时为了满足相应的物质需要，要处理好个体、群体与国家的关系。费孝通提出的"差序格局"认为中国的社会结构中人与人之间的交往关系的建立总是以自己为中心，个人与他人的关系不在一个平面上，而是像水波一样，一圈一圈地推出去，与"己"越远，关系越弱。根据"差序格局"分析该地区的社会关系有以下特点。

首先，该地区的社会关系以血缘为主。"在传统中国，血缘关系能够成为一种主要的社会关系纽带，确实与农耕社会对土地的依赖以及单一的'种地'行为有关。因为对土地的依赖，形成了聚族而居的习惯；因为'种地'这一经济活动的要求，需要以父子兄弟组成的群体为依托，即需要家庭这种持久而稳定的小群体作为生产的基本单位；因为对土地的依赖，形成了聚族而居的习惯。"[1] 迁出地的很多村落都是宗族式村落，村民大多是一个姓氏，在长期的生产发展中慢慢形成了以血缘为主、业缘为辅的社会关系结构。很多的村落都是一个大姓或者一个村落里有两三个大姓，主要姓氏有马、王、赵、张，都是以血缘为主形成相互交织的社会关系。

其次，以业缘为辅。在稳定的血缘关系村落中，随着与周边村落成员逐渐交往，信任感逐渐增强，生产与生活方面的合作亦随之加深。通过持续的互动，熟悉度逐渐提升，从而增强了彼此之间的认同感、归属感与安全感。由此，新的、确定的人际关系和社会关

---

[1] 周晓虹：《文化反哺：变迁社会中的代际革命》，商务印书馆，2015。

系网络得以形成，形成了"乡里乡亲"的社会关系。

最后，稳定的社会关系逐渐建立起来。在面临困境时，人们首先会向亲朋好友寻求援助，其次会向邻里乡亲求助。大家各自拥有稳固的"社交圈"。此外，这种"乡里乡亲"的社会关系相对单一，主要聚焦于情感交流，人们彼此信任与支持。双方在交往中态度积极，社交行为有序。这对当地社会关系的稳定与发展起到了积极的推动作用。

第三节　迁入地情况

一　搬迁过程

鉴于搬迁地恶劣的自然环境和村民迫切希望离开山区的愿望，政府决定实施整村搬迁。为了确保搬迁工作的顺利进行，相关负责人多次前往搬迁地进行协调事宜，与村民深入沟通，了解他们的实际需求和困难。经过多次的协商和讨论，最终确定了涉及 317 户家庭共计 1330 人的搬迁计划。在搬迁过程中，乡委和乡政府给予了高度重视，县委和县政府进行了周密的安排，县委扶贫办提供了精心的指导。遵循和谐、安全、负责任和结对帮扶的原则，实行了"领导包组、干部包户"的责任制度，确保了物品清点、家具装车、旧院拆除等工作的有序进行。此外，还特别强调了对搬迁户的关怀和后续支持，确保搬迁任务的顺利完成，让每一名村民都能在新的环境中安定下来，开始新的生活。

有这样一首信天游题材的诗歌形象地反映了宁夏移民既对新居住地充满憧憬，又对家乡依依不舍的情景。虽然家乡的贫瘠土地并不能带来物质的富裕，那些用来谋生的农具十分简陋且难以与现代化农业相适应，但是那些毕竟是移民生活中的一部分，无论是窑洞还是砖混的土坯房，都是移民的家。家里家具多也好，少也罢，都是与移民长期相伴的生活用具。

移民搬迁集锦感怀

2012 年 8 月 15 日

走了走了，车号声声催人走；

慢着慢着，泪水汪汪看不够。

这一走啥时能回来，说不完我的难受。

不要嫌这梨花简陋，不要撇这破烂背斗，

让我再改一回老骡子龙头，天把山草再拉走，

再见了，我的牲口。

别砸烂这坛坛罐罐，留着烂桌子旧案，

珍惜先人辛苦创下的地摊，勤俭节约最值钱，

再见了，我的土院。

老窑洞，你可听见？根子深，我搬不动弹，

祖祖辈辈遮风挡雨，多少年怎能忘，冬暖夏凉，

说实话，你就是亲娘；

爷爷栽的大柳树，见风见长，遮阴乘凉，

老人剥栽啊娃娃扭咪咪，拴牛卧狗猫上树，

不说话，就像我老爸。

看不够，这黄山土岭摘不完桃李杏枣梨，

让我再给老祖坟补一把土，再苫两张香表纸，

再见了，我的亲人。

听不够秦腔老土话，擦不干的伤别眼泪，

让我再搅一回老水井辘轳，再喝几口甘泉水，

再见了，我的大山。

走了，走了，车号声声催上路；

在着，在着，山山水水带不走；

过好了再回来看你，祝福你，我的家乡。

二　基本情况

（一）自然环境

禾润村地处贺兰山东麓、黄河西岸，属较为典型的冲积湖平原区；辖区内多湖泊、湿地，地形开阔平坦，属黄河二级阶地，平均海拔 1100 米，地下水埋深 1～2 米，部分低洼地有地面水（鱼池、湖沼）。地层为第四纪黄河冲积、湖积层，自上而下 5 米以内可分为素填土层、粉质黏土层、粉土层和粉细砂层四层，无不良自然地质现象。村落建在河流旁边，整体用地为梯形地块，东南侧有 1 个主要出入口，有公交直接通向银川市区，北侧有 1 个次要的出入口。村落总共分为五个大片区，由两个不同大小的扇形组成了整个村落的中心道路，并在中心布置了建筑面积较大的农宅，中心地块的农宅布置得错落有致，其他农宅以此为中心较为规整地展开，村落外围有较为宽敞的车行道路。规划建设住宅 3.2 万平方米，配套设施共有 3300 平方米，同时还有卫生室、超市、活动中心等公共设施。

（二）人口构成

禾润村共计搬迁 327 户 1338 人，其中建档立卡贫困户 136 户621 人。2017 年 8 月 17 日，第一批搬迁入住 138 户 577 人；8 月 24日，第二批搬迁入住 170 户 713 人；2018 年 1 月 15 日，第三批搬迁入户 19 户 48 人。截至 2021 年 4 月，禾润村常住人口 1497 人，户籍人口 1453 人，非户籍常住人口（户籍不在禾润村，长期居住在该村）44 人。户籍人口中，男性 716 人，女性 737 人；非户籍常住人口中，男性 21 人，女性 23 人。按年龄划分，截至 2021 年 4 月，全村 18 周岁以下 594 人，占全村人口的 40%；18~60 周岁 762 人，占全村人口的 51%；60 周岁以上 141 人，占全村人口的 9%。单老户 5 人，双老户 12 户 24 人。截至 2021 年 4 月，累计自然死亡 27 人，人口自然死亡率 1.8%；新生儿 43 人，人口出生率 2.9%；人口迁入（婚入）18 人，人口迁出（婚出）23 人，人口自然增长率 1.1%。户籍人口中，本科及以上学历 8 人，大专学历 32 人，普通高中学历 9 人，中职学历 34 人，高中及以下学历 1370 人。截至 2021 年 4 月，在读博士研究生 1 人、硕士研究生 3 人、本科生 4 人、大专生 3 人，在读普通高中生、中高职生 27 人，幼儿园在校生 69 人，小学生 181 人，初中生 130 人。

全村共有劳动力 653 人，其中长期务工 262 人（从事服务业 61 人，其中保安 12 人、餐饮工作人员 31 人、保洁 18 人，化工及制造业等人员 37 人，种植及养殖业人员 46 人，村干部 9 人，政府购买公益性岗位 11 人，其他行业 98 人），临时务工 328 人，有劳动能力但并未外出务工 63 人（主要在家照顾老人、孩子）。培养劳务经纪人 15 人，常年带动本村人员外出 60 人。全村共有低保户 25 户 50 人，其中重残单保 13 人，以户施保 10 户 35 人，因病因贫个人单保 2 人。低保共分三档，A 档每人每月 620 元，共有 19 人；B 档每人每月 434 元，共有 9 人；C 档每人每月 310 元，共有 22 人。有残疾人 40 人，其中二级及以上残疾人 20 人。按残疾类型划分，肢体残疾 24 人，视力残疾 6 人，精神残疾（智力残疾）9 人，听力残疾 1 人。

（三）生产方式

移民搬迁到禾润村后，无论是生产距离、生产条件，还是生产资料等都有较大变化。

生产工具。搬出地干旱缺水、环境恶劣，农作物以小麦、土豆、高粱等单一农作物种植为主，因多山地，受地形、气候、土壤等因素影响，粮食作物产量很低，机械化程度较低，因此产生了主要以粮食自用为目标、"慢工出细活"的生产态度。禾润村所在地是一个农业现代化建设水平相对较高的地方，当地土地平整，有蔬菜温棚等一系列农业设施，生产工具因为种植作物的耕种方式、耕作周期等发生了很大变化，农作物的运输由原来的畜力和人拉肩扛转变为现代机械运输，不仅大大节省了人力、物力，也提升了运输效率。

生产时间。移民在搬迁前受自然条件和传统种植模式限制，生产时间较集中且多以粮食作物为主；而搬迁后，因为大棚技术和薄膜技术的发展，农作物多为经济作物，生产周期缩短，生产频次增加，这就逐渐打破了时间上的限制和空间上的限制，也让当地农业生产的灵活性得到增强，同时农民收益有了明显提升。

生产种类和范围不断变化。禾润村农作物和经济作物主要满足市场需求，通过在市场上出售获得收入。农民种植的作物包括西红柿、黄瓜、吊瓜、草莓、葡萄、樱桃等蔬菜水果。同时由于土地和种植时间都很集中，农民的生产效率得到了提高，他们在有限的时间、空间内可以产生最大的效益，节省生产成本、人力成本。效益最大化是促进移民快速适应生产方式的最大的动力。

（四）生活方式

移民生活环境的变化先引起生产方式变化，进而带来生活方式的变化，主要体现在衣食住行、风俗习惯、文化生活等方面。从表面来看，服饰差异是区分移民与当地人的直观方式，移民的服饰与当地回族（乃至整个地区）相比，常以色彩、做工、是否时髦等为差异标准。移民搬迁前，因不常外出且常"跑山"劳作，所以服饰以实用、耐脏为主，对其他方面要求较少；而搬迁到禾润村后，移民首先不用"跑山"了，能够见到的和交往的人也变得多了，出于礼貌和应酬，服饰数量和色彩也就丰富起来了，做工更加精细化了，从穿衣为了保暖向为了保暖且美观、符合大众的审美的目的转变。

在饮食方面，禾润村的移民们普遍偏爱面食，例如油条、馓子以及麻花等，这些食品在他们的日常饮食中占据了重要的位置。然而，随着生活条件的改善，新鲜蔬菜和肉类也开始频繁出现在他们的饭桌上。由于禾润村靠近乡镇，交通便利，因此购买这些食材变得相对容易。移民之后，由于不再拥有传统的地窖作为食物的储藏室，为了保持食物的新鲜度，村民们开始购买冰箱、冰柜等现代电器来替代传统的储藏方式。

在饮水方面，当移民拧开水龙头时，他们可以轻松地享用清澈、干净的自来水。自来水已经通过了严格的检测程序，确保了安全性，从而保障了饮用者的健康。现在，移民们不再需要辛苦地从几里地以外的地方挑水来饮用，大大提高了他们的生活质量。

在房屋方面，禾润村采取的是小院并排的布局方式，花草林带错落有致，同时参照城市社区建设标准，立足便民利民，基础设施和公共设施都相当完善。当地房屋采用的主要是联排的布置方式，为砖混结构的两坡灰瓦房，从深山到社区，从土坯房到砖房，移民们住上了干净整齐的新房子。

在出行方面，禾润村位于地势平坦的平原地带，交通设施相对完善。尽管如此，公共交通工具的班次并不频繁，因此私家车成为居民出行的主要方式。此外，从事网约车服务也是当地居民获取收入的一种方式。

禾润村的移民在风俗习惯、婚娶丧葬、生儿育女、待人接物等方面变化不大。

（五）社会关系

禾润村的移民群体共同承载着相同的文化底蕴，拥有相似的生活习惯和生活方式，这为移民的社会适应创造了有利条件。加之安置点的住宅布局较为紧凑，客观上促进了邻里关系的强化，从而使得村民之间的融合程度较高，社区关系较为和谐。他们之间的互助和合作也更为频繁，无论是日常生活中的琐事还是遇到较大的困难，都能得到邻居们的帮助和支持。此外，由于移民们之前大多生活在相对封闭的山村环境中，搬迁后他们更加珍惜与外界的交流和联系，积极参与社区的各种活动，这不仅丰富了他们的精神生活，也进一步增强了他们的归属感和认同感。因此，禾润村的社会关系在移民的共同努力下，呈现一种积极向上、和谐融洽的良好态势。

第二章　禾润村移民的经济适应

关于易地扶贫搬迁移民经济适应的专门研究很少，大多数研究把经济适应作为社会适应的一个维度进行分析，即使有少量专门研究，概念用的也是如经济发展、生产以及劳动适应等，而很少有学者分析经济适应的问题。有关研究主要与三峡水库移民有关。与之相对应的还有经济融合概念，但相关研究集中在流动人口、农民工和城市移民等方面，直接对经济适应概念进行界定的比较少。罗凌云、风笑天在《三峡农村移民经济生产的适应性》一文里界定了经济生产适应性的概念，根据他们的理解，该概念是指人们利用社会化的方式对经济生产的心态以及行为等进行调整，从而更好地适应外界的环境，这一过程就是经济生产的适应性。[①] 马德峰认为，移民的经济适应可以体现人们是否能够在努力后改变行为以及心态，基于外界的支持更好地适应新的环境。[②] 郝玉章、风笑天明确用了经济适应概念，但是没有对其做出界定，只是指出了研究经济适应的几个内容："经济适应主要包括生产劳动的适应，对收入的满意以及搬迁前后收入的差异，同时还包括是否有信心增加收入，在今后获得更

---

① 罗凌云、风笑天：《三峡农村移民经济生产的适应性》，《调研世界》2001 年第 4 期。
② 马德峰：《影响三峡外迁农村移民社区适应性的客观因素——来自江苏省大丰市首批三峡移民的调查》，《管理世界》2002 年第 10 期。

好的经济条件等。"①

本研究认为经济适应性是指移民搬迁后在新的环境中利用各种新的自然资源和社会资源来调整自己的家庭经济模式，恢复和发展家庭经济，从而融入新的经济环境中，增进家庭成员的福利。通常，农村家庭经济状况由成员收支决定，收入又与职业紧密关联。可通过对比易地扶贫搬迁移民与当地人的收入及观察移民对未来的信心，了解其家庭经济状况。

经济适应性不仅反映了移民家庭对新环境的适应能力，也是衡量易地扶贫搬迁政策成功的重要指标之一。在禾润村搬迁后，移民面临着全新的生产环境和资源条件，如何有效利用这些资源调整家庭经济模式，成为他们面临的重要课题。

第一节　禾润村搬迁前后移民的
家庭经济状况

一　禾润村生产方式的变迁

在我国实施易地扶贫搬迁项目后，很多贫困户离开了原本自然生态条件恶劣的环境，搬迁到了新建设的村庄当中。在搬迁后，人口的集中度有了明显的提升，相应地减少了人均可利用的土地资源，所以一些居民不得不放弃农业生产，为获取收入而选择一些新的产业。个体通过获取物料的手段满足生存的需求的活动就是生产，居民对生产方式的适应决定了居民在搬到新的环境后获得生存与发展的重要问题。大部分居民认为，在生产方式方面，原居住地

---

① 郝玉章、风笑天：《三峡外迁移民的社会适应性及其影响因素研究——对江苏 227 户移民的调查》，《市场与人口分析》2005 年第 6 期。

与新的环境有着明显的不同。

"西海固"地区较为特殊，当地居民主要采用的是农耕方式，具有靠天吃饭的特点。20 世纪 80 年代之后，随着人口的增长，植被遭到了严重的破坏，同时在开发耕地的过程中，出现了严重的水土流失问题，降低了土地的产量，居民每年都希望降下更多的雨水，从而获得好的收成。当地的干旱问题极为严重，每十年可能遭遇一次大旱，小旱更是极为频繁，有时甚至无法满足人们与牲畜饮水的需求。当地居民早期主要采用的是农耕的方式，并未接触过水田灌溉，同时并不了解技术种植。在传统的农业生产状态下，农民在种下作物后只能被动地等待雨水，对技术并无过高的要求，不过非常依赖自然环境，假如降水量较大，那么通常便会获得较好的收成；而如果降水量较小，便会严重影响产量。总体来讲，早期当地农民采用的是自然耕作的方式。而水田灌溉的方式需要通过沟渠引水、定时灌溉，对灌溉的次数以及时间等都有一定的要求，同时要求农民关注施肥以及作物的选择问题。采用灌溉的方式会带来更多的化肥及水费成本，因而会增加生产的压力，虽然提高了技术水平，但带来了更多的成本，对于农民来讲需要一个适应的过程。

当地市政府于 2016 年正式开始建设移民搬迁项目，当地的教育局、林业局、交通局、扶贫办以及组织部等协同合作，从配套、保障、就业以及住房等角度推进了易地扶贫搬迁工作。2017 年秋天禾润村正式建成，第二年搬出大山前往禾润村的居民数量为 1300余人。自那以后当地又根据村子的情况对产业布局进行了规划，建设了 280 亩的产业园，塑料温棚与农业大棚的数量分别为 12 栋与 88 栋，同时加快分拣中心、道路以及电力等方面的建设。在产业园投产之后，产出了 350 万元人民币的无公害蔬菜以及水果，产量为 340 万斤左右，满足了 120 余人的就业需求。后又建设了生态园，提供了更多的就业机会，在吸引消费者的同时，也通过农家饭、民宿以及农产品销售等带动了区域的经济发展。在未搬迁以前，村民仅有 2800 多元的人均可支配收入；而 2020 年初时这一数字已提高到了近 11200 元，增长 3 倍。

在未搬迁之时，村民主要通过燃烧麦秆取暖。在用水方面采用的是水窖积蓄的方式，不过水源地在 2.5 公里之外，用水较为困难。可供种植的作物种类并不丰富，一般是玉米以及土豆。由于地理条件并不理想，很难支持机械化生产。只能通过人工的方式运输农产品，在收获作物时也对农民造成一定的困扰。比如在土豆的收获季，可能需要花费几天的时间背运，非常辛苦。笔者在田野调查的过程中从村民的言语中感受到了他们曾经生活的艰辛。在没有搬迁时，农民主要通过外出务工以及种植等获取收入，当地的农作物并不具有较高的附加值，农民的收入较低。

> 在大山之中，我们全家人的希望就是山坡上 60 多亩的旱地。遇上丰年，还能吃饱饭；如果是大旱年，肚子还是闹"饥荒"。我们半辈子埋在了穷土里，但是对于后代，走出大山才有希望。（马景仓 男 60 岁）

> 两年前刚从老家搬来时，开心之余心里有点慌，还是得赚钱啊，赚钱了日子才能过好。刚搬来，我和丈夫在工地打工，每天都在外面忙，但赚的钱并不多。后来知道村里建了大棚，我们就毫不犹豫地和其他人合租了两栋棚，我们是农民嘛，土地就是咱的根，现在一栋棚种黄瓜，一栋棚种吊瓜，一年下来黄瓜至少能收入 2 万元，吊瓜差不多能卖 3 万元，下半年再种些西红柿、辣椒，两栋棚收入 10 万元没问题。（马家兰 女 42 岁）

在搬迁之后我们学会了大棚种菜技术，在学会后我也教会了其他的朋友，现在每年都可以获得5万元左右的收入。（马小婉　女　32岁）

在搬迁后，移民获得了更多的谋生方式，可通过土地流转、外出务工以及特色种植等获取收入，同时也有一些居民选择了小型商贸活动。搬迁之后，农业生产模式经历了一些变化，当地推广了产业化以及规模化的特色种植模式。大棚种植的黄瓜、樱桃以及吊瓜等，具有更高的经济价值。移民可以通过"反租倒包"（企业租地开发后再转包给农户经营）的方式种植大棚，在空闲的阶段也有一些村民会选择前往附近打零工，比如提供餐饮服务、整理绿化以及维修看护大棚等，极大地拓展了收入的来源。因为当地制定并实施了一些自主创业的政策，所以有一些移民依托政策选择经营商品以及出售手工产品获取收入。部分移民会选择前往外地或是在附近市区就业，有关行业主要是建筑业、餐饮业以及快递业等。一些移民依托良好的政策成了个体户。笔者通过田野调查发现，搬迁后的居民很少选择纯农型的策略，而农兼型的占比也相对较低，大概为9%。移民一般会选择多种不同的生计方式，637名劳动力在宁夏社会福利院、宁夏人民医院等单位从事绿化、保洁、餐饮、陪护和保安等工作，获得稳定就业机会的劳动力占比达到了95%，收入也获得了明显的提升。在宁夏易地扶贫搬迁的过程中，禾润村属于一个重要的缩影，其取得的成绩具有一定的代表性与典型性。

现在肯定和老家的时候不一样了，以前只会种地，现在又能挣钱还能学习技术，等到娃娃稍微再大一点，我们两口子有

能力，也想包个大棚、做个啥生意，自己当老板。（王进娇　女　28 岁）

　　村民们讲述了搬迁政策的好处，但搬迁同样伴随着风险，全家搬迁需要勇气。一些村民起初不愿离开，但最终因原居住地生活困难而不得不接受政府援助。另外，一些居民搬迁的原因不仅仅是由于原生活条件恶劣，还可能有其他因素。例如，一些年轻人可能为了追求更好的教育和就业机会而选择搬迁，还有一些家庭可能因为家庭关系或婚姻等因素而做出搬迁的决定。尽管搬迁带来了许多好处，如就业机会的增加和收入的提升，但对于一些村民来说，离开熟悉的环境和社区是一项艰难的挑战，他们需要适应新的生活方式，建立新的社交网络，并面对可能的文化差异。

　　我家就在禾润村，上班比较方便，在这儿上班，还省去了交通费、租房的费用，感觉挺好的，现在每个月工资收入有3200 元，我特别满意。（马灵慧　女　35 岁）

　　这名移民特别关心孩子的教育问题，希望通过搬迁来获取更优质的教育资源，从而解决孩子的教育难题。
　　在搬迁后，移民的生活环境发生了明显的变化，可以选择更多不同的生计方式。在移民选择的非农活动中，零工以及短工占据了较大的比例，由于工作不稳定，收入有一定的波动。有一些受访者提出，其在务工的过程中并未掌握什么技术。部分移民担心工作不稳定，无法获得持续收入的问题。所幸当前市场环境相对较好，政府制定并实施了大量的扶持政策，移民的增收情况较好，增幅较为稳定。大部分移民主要以特色种植获取收入，在搬迁之后，移民的生计策略有了明显的变化，很少有家庭依旧采用早期的纯农策略，生计策略得到了丰富。容易获取贷款、拥有更多的工具以及家禽家畜的家庭，可以选择的生计策略更为丰富。而参与保障项目较多、住房质量高以及人员素质高的家庭通常可以获取更多的收入。移民在通过培训获取新的知识与技术后，提高了收入水平和生活的质量。尽管提供劳务可以获取更多的收入，不过劳务的稳定性较差，会受到周边项目以及季节的影响。大部分移民提供的主要是建筑业以及采摘等方面的劳务。

二 禾润村移民生计方式具有的特征

移民搬迁后，对自己从事的职业及时做了调整，在生计方式的变化方面有一定的适应性。

禾润村位于城市附近，城镇化程度高，交通比较方便，人口相对密集。因此，建筑业如房屋修建、房屋装修等，服务业如超市、饭店、理发店等非农行业相对发达，存在一定的劳动力需求。移民搬迁后，不仅可能在集镇或者县城的超市、饭店里找到工作，也可能自己在当地做点小生意，而从事农业生产的移民显著减少，说明多数移民在新的自然环境和社会环境中，能够利用新的生计资源，采用新的生计方式来调整家庭经营模式以保障家庭成员福利。

安置点就业率比较高，说明禾润村具有一定的拉力。

从移民就业地点的分布来看，移民搬迁到禾润村后，就业率为88.09%，这意味着安置点较原居住地的就业机会多很多，如做生意、打零工等的机会多了。除了禾润村对移民具有一定的就业吸引力外，对于多数移民来说，安置点的教育资源也是他们搬迁出老家的一个重要拉力。安置点的教育条件比原居住地要好很多。之前孩子早上上学要走几里甚至十几里山路去学校，放学后又走那么远回家。现在到了禾润村有崭新的校舍，离村子很近，有小孩读书的家庭就非常积极、主动地搬了出来，一边陪伴孩子、照顾孩子读书，一边就地找点事情做。

搬迁之后，禾润村的移民在生计适应方面表现出了一定的差异。该村采用的是集中安置的方式，每个家庭的土地相对较少，仅能够满足基本的生存需求，而无法有效支持未来的发展。所以有些移民便选择前往周边以及其他地区通过第二产业与第三产业获得收入，而以上产业对技能有着一定的要求，同时在工作的过程中移民会受到新的规则的束缚，所以有部分移民很难适应外出务工的模式。因为移民普遍受教育水平较低，并不具备丰富的劳动技能，如得不到外界的支持便很难适应新环境，因此政府便需要考虑搬迁后的可持续发展问题。当地政府制定了大量与发展经济有关的政策，主要集中于提高移民素质以及提供资金等方面。整体来讲，政府的政策与举措等在保障移民生计方面起到了极为重要的作用，有效增强了移民的生计适应性。

移民的生活适应仍处于起始阶段，根据风笑天等学者的研究成果，三峡移民的生产适应性会发生一定的变化，在搬迁一定时间之后，生产适应能力也会表现出不同的特点。总体来讲，会经历三个发展阶段，分别为认知、震撼与稳定发展。笔者通过田野调查发现，禾润村移民的生计适应能力普遍较差，一些移民不具有劳动技能，仅可以选择土地种植。也有部分移民由于缺乏劳动技能，所以在外出务工时仅可以选择打零工，职业并不稳定，进而显示了收入的不稳定性。移民大多提供的是工地以及保洁等方面的劳务。由此可见，一些移民在认知以及了解第二产业及第三产业等方面存在一定的问题，无法有效适应城市的环境。

当前禾润村移民对经济水平的提高有着较强的信心。笔者通过调查发现，大部分移民认为尽管在搬迁之后生计方式有了一定的变化，但生活质量的提高较为明显，收入获得了明显的提升。因此不难发现移民对生计适应普遍持乐观的态度。不过由于年龄的不同，移民对生计适应的信心也有着一定的不同。笔者通过调查发现，依旧有部分移民愿意搬回原居住地，这部分移民在总体中的占比为7%左右，年龄普遍较大，生存能力较弱。笔者的访谈结果表明，移民搬迁的主要动机是希望可以在搬迁后获得更好的生活，更直接地了解外面的世界，搬迁为其提供了脱贫致富、远离大山的机会，虽然在初期遇到了生计问题，但他们对未来生计条件的改善有着较强的信心。

三 禾润村移民的家庭收入

一般来说，最能说明家庭经济状况的当然是收入。我们对禾润村 208 户移民的收入情况做了问卷调查。对移民进行具体收入状况的调查有一定的困难，一是多数调查对象不是很愿意把自己的真实收入，如打工收入和农业产量告诉调查员；二是移民的收入中，很大部分来源于零工和小规模农业，当被问到这个问题时，调查对象大多表示自己的收入比较零碎、不好统计，所以就只能说个大概；三是调查对象的受教育程度普遍较低，小学及以下的占到 72%，特别是其中的很多老人和妇女都不太清楚自己家庭收入的具体数据。

世界银行制定的《移民安置工作指导方针》表明，能否有效提高移民的生活质量是移民项目是否成功的重要指标。因此衡量移民的经济情况，不仅要和移民搬迁前比较，看到移民搬迁后经济水平是否提升，还要和当地人比较，看其经济水平是否赶上当地人的水平。与当地人收入比较的结果和前面关于移民前后收入的对比均能够体现，移民的经济状况在搬迁后得到了改善，部分家庭甚至有很大的提高。

本研究把收入分为农业收入、打工收入和其他收入三个部分。农业收入部分通过调查移民粮食产量、经济作物产量、变卖家畜数量等，按市场价折算为货币，最后计算三个部分的总收入。打工收入主要为在工厂上班的收入，其他收入主要包括做生意和从事服务业的收入。

禾润村移民的收入情况为，一是工资性收入：外出务工人均约4000元/月，平均每年务工9月，收入约3.6万元/年；二是政策性收入：各项政策补贴人均约310元/年。数据显示，2021年禾润村人均可支配收入达11986元，较上一年同比增长11.7%。搬迁前该村人均可支配收入仅2800多元，实现显著增长。村民切实感受到生活水平显著提升，普遍反映当前收入较搬迁前有大幅增加。

移民反映的资金困难，主要是指创业资金缺乏，没有创业资金，要保障家庭生活，就得出去打工。还有关于门路的问题，在农村是非常重要的。边远地区的村民，外界联系通道较为狭窄，打工基本靠的是当地政府或者亲友提供信息。无论是在当地就业还是外出打工，靠的都是门路，都要有人带。因为缺乏创业资金，也缺乏门路，所以移民感觉提高收入、改善家庭经济状况比较困难。

通过对禾润村移民的生计变迁及移民家庭经济状况两方面的调查，总体可以看到，移民到了安置点后，经济条件有了改善，多数人能够适应新的自然条件和社会条件，及时调整自己的就业方向，不仅收入有所提高，对未来收入的提升抱有一定的信心。但是如果要达到扶贫搬迁的总体目标，在经济发展方面，尚需要进一步总结经验。

四　移民的受教育程度和年龄对经济适应水平的影响

搬迁之前，学生们去上学的时候，最少都得徒步三公里才能到简陋的学校。由于居住分散，有的学生甚至要徒步六七公里。孩子们满是冻疮的稚嫩小手和对知识的渴望，更加坚定了村民搬出大山的决心。如果不搬出大山，那么这些孩子就和他的叔叔阿姨们一样，早早地辍学了，去奔波家里的生计。村里 25～50 岁的年轻人，文盲的占比高达 30%。可想而知，搬迁之前受教育水平有多落后。2021 年禾润村有小学 1 所，在校学生 172 人；师资 15 名，幼儿园 1 所，在园幼儿 73 人，师资 13 名。全村义务教育阶段无辍学现象发生，上下学均有校车接送。村里招募返乡大学生志愿者，开展禾润村红领巾成长课堂，探索出"一个孩子带动一个家庭"的模式，在激发孩子们的学习兴趣和培养动手能力的基础上，改善全村老百姓的精神面貌，利用到村任职选调生的优势，实现处处是课堂，带动青少年、村干部、村民等积极向上发展。

美国学者 E. S. Lee 在 1966 年研究移民时，曾对影响移民社会适应的因素做了比较全面的探讨。他认为，迁徙者的年龄、性别、受教育程度等因素都对迁徙者有影响。受教育程度越高的人，越能较快地适应迁入地的社会生活。[1] 国内学者也有类似研究，如农民具有相对较高的综合素质，那么可选择的机会更多，同时也会提高获取就业机会的可能性，有利于得到稳定的收入，更好地融入新的环境。黄海燕、王永平在对贵州移民的情况进行分析后得出了相同的结论：移民的受教育程度越高，其经济适应

---

[1]　Lee, Everett S. , "A Theory of Migration,"*Demography*, 1966, 3(1) .

水平越高。[①] 有研究发现，移民的年龄对移民搬迁后的经济收入有影响，年龄越大的移民，经济收入可能越低。还有学者认为，农村移民的年纪越大，越不适应在城镇谋生。中青年移民的经济适应水平高于老年移民的经济适应水平。

禾润村移民的安置方式，走城镇化道路，从务农转向非农职业，是移民适应新的生计环境的核心。另外禾润村移民经济适应水平在性别上的差异，主要原因在于客观上城镇和县城处于发展过程中，高新产业不多，对劳动力的需求多以建筑业或者其他需要体力的工作为主。比较而言，这些行业女性不占优势。同时，女性移民的受教育程度普遍比男性低也是原因之一。有学者认为，在一定条件下，女性对受教育程度和获取收入的依赖远远大于男性，低学历、低就业技能、低就业素质使她们在城镇能从事的行业门槛低且替代性强。有学者以女性主义的视角考察农村女性进城后的城市适应过程，发现尽管 2015 年发布的《中国性别平等与妇女发展》表明，我国劳动力市场的性别平等取得了较大进展，但很多地方特别是边远地区城镇就业中仍然普遍存在性别歧视。历次全国人口普查数据表明，女性职业流动频次显著低于男性。在农村地区，这一差异更为突出，女性工资水平普遍低于男性，经济适应能力也相对较弱。

五　社区环境对经济适应水平的影响

移民在原来的地缘和血缘关系基础上的社会关系可能会出现一定程度的断裂，原来的社会关系及原来的村委会不复存在。很多安置点都在和集镇与县城有一定距离的地方，禾润村的这种居住方式

---

① 黄海燕、王永平：《城镇安置生态移民可持续发展能力评价研究——基于贵州生态移民家庭的调研》，《农业现代化研究》2018 年第 4 期。

和安置方式，虽然使移民没有离开原来的熟人社会，也没有改变过去那种邻居之间交往的模式，但是因为居住距离，一时不能建立起新的人际关系网络。在这种情况下，社区作为基层组织的作用就显得非常重要。和移民打交道最多的，往往是社区工作人员。社区工作人员作为政府派出人员，在移民社区一线开展工作，协助移民处理各类事务。大多数情况下，移民的就业咨询、福利申请及相关手续办理都需与社区工作人员沟通对接，其服务态度对移民融入至关重要。同时，良好的社会环境能为移民提供安全保障。在和谐融洽的社区氛围中，移民更能感受到生活的温暖，也更有信心展望未来。

六　政府政策对经济适应水平的影响

移民到一个陌生的新环境中谋生，生计是生存的基础。而政府对移民的关心，则表现在对移民生存方面的帮助，如住房问题、就业问题、生活困难问题。所以，政府越关心移民的生活困难问题，移民的问题越能得到解决，移民生存的压力就越能得到缓解。因此，政府是否关心、是否对移民的就业问题施以援手，会对移民的经济适应产生重要影响。马德峰对外迁水库移民面临的各种经济适应难题做了研究后认为，政府的关心对解决移民的经济难题非常重要。[1] 风笑天对三峡移民的研究认为，与三峡外迁移民的社会适应状况密切相关的因素主要有搬迁前后经济收入的差异、当地居民的态度、语言适应性、政府关心状况、迁入地治安状况、住房条件的差异。[2]

---

[1] 马德峰：《影响三峡外迁农村移民社区适应性的客观因素——来自江苏省大丰市首批三峡移民的调查》，《管理世界》2002 年第 10 期，第 8 页。

[2] 风笑天：《"落地生根"？——三峡农村移民的社会适应》，《社会学研究》2004 年第 5 期，第 9 页。

七　各类组织对经济适应水平的影响

禾润村自搬迁以来，初步形成以农业种植、劳务输出、乡村旅游为主的"三产"致富新路子。配套完善的基础设施、全覆盖的公共服务以及扶贫系统化、管理网格化、服务规范化、产业多元化"四化"管理模式，采取"支部+企业+农户"模式，推进"两园"建设。其中，投资3000万元建设农业产业园，建成设施大棚100栋；引进企业投资1.6亿元打造扶贫产业园。农户通过土地流转、入园经营、务工、利益分红等途径实现增收，移民每户年均增收2500元以上，54户贫困户参与温棚种植，年增收2万元。全村657名劳动力稳定就业，年劳务收入910万元。

企业是指"以盈利为目的，运用各种生产要素向市场提供商品或服务，实行自主经营、自负盈亏、独立核算的法人或其他市场经济组织"。政府从制度安排层面和基础设施建设层面给予企业支持，企业可充分借助市场力量，实现搬迁安置区的产业发展。

企业参与能够充分挖掘当地特色资源，将地区资源优势变为产业优势，增强移民增收致富的可持续性。企业引导移民直接或间接地参与产业发展体系建设，实现"造血"自救，有助于增强移民的自我发展能力，打造政府、企业与低收入群体共同参与的多元化扶贫治理机制。可促进企业自身的成长发展，在精准扶贫的过程中，企业借助政策扶持优势，引导扶贫资源集中统筹使用，既可提高扶贫资源使用效率，也可破解企业用工难和原材料不足等局面，有利于提高企业经济效益并增强市场影响力，树立良好社会形象和口碑。在宁夏易地扶贫搬迁安置区，企业参与群众生产发展常见于产业扶贫、电商扶贫、结对扶贫、捐赠扶贫中，具体模式有"公司+合作社+基地+农户""龙头企业带动""村企对接""村企互动"

"村企共建"等。禾润村将 1338 亩土地集中流转，采取"支部+企业+农户"模式，推进"两园"建设。

现代社会的组织体系由"以行政机构为主体的国家政府组织、以企业为主体的市场经济组织、以非营利机构为主体的社会组织"三部分构成。20 世纪后期，"结社革命"在全球兴起，有组织的志愿活动于世界各地广泛开展，社会组织以独有的实践成果较理想地填补了国家不足所带来的空白。"政府失灵"与"市场失灵"理论是解释社会组织提供公共的、集体的物品以及政府部门、私人部门和非政府部门三者关系的主导性理论。在这一理论中，社会组织被看作市场和政府之外的第三种用以解决问题的选择。Henry Hansmann 提出"契约失灵"理论，他指出，社会组织的"不分配约束"很大程度会抑制生产者机会主义动机来维护消费者利益，可以提供比营利组织更好的服务。作为公共机构，社会组织不以利润动机和权力原则驱动，使其基本功能在于满足人们对某些公共物品的需求，它的组织实体性使其拥有具体组织形态和实际功能，不仅满足社会的需求，而且成为社会的主要机制。企业在很大程度上随政府力量进入移民安置区，并非市场自发调节的结果。移民安置区的产业发展多以项目制为依托，这些项目既不同于宏大的社会建设和发展规划项目，也不同于专业领域的技术和建设项目，而是特指中央对地方或地方对基层的财政转移支付的一种运作和管理方式。这种模式成效显著，助推了移民安置区的经济建设，但存在的诸多问题同样引起热议。调研发现，搬迁时间早的移民村庄早已完成身份转变，发展具有较强的自主性；而搬迁时间晚的移民村庄，经济环境尚未形成，发展则具有较强的政策依赖性，依附于各个项目再造出的生计方式或者随着项目"夭折"被重新定义或洗牌。虽然"扶上马、送一程"有道理可循，但若大量原本需要市场化运行的扶贫项目靠政府买单才能维持，不仅加大地方财政负担，也有悖于可持续发展理念。在移民眼中，政府给予了丰富的生计资本用于创造生活，但核心问题应聚焦于如何避免扶贫资源与市场经济脱钩的问题。若扶贫项目无法落地生根，会严重影响移民脱贫致富，加剧生计脆弱性。同时应看到，社会组织对市场和政府的补充作用。由于宏观政策环境的含混性，不同政府部门会根据自身的治理逻辑，工具性地处理与社会组织之间的关系，使社会组织的自主性策略受到约束，变成对政策的"依附"。在移民安置区，很多社会组织的参与是政府力量的结果，所提供的各类社会服务质量参差不齐、效果不理想，营造全社会关心关注的发展环境仍是艰巨的任务。

第二节 禾润村移民的经济发展实践与特征

当移民告别故土、融入新环境时，经济发展便成为关乎生存与未来的核心命题。政府在其中扮演着至关重要的角色。政府可以通过多种途径提供就业支持。例如，政府可以组织定期的招聘会，邀请各类企业到移民安置区进行现场招聘，为移民提供更多的就业机会。同时，政府可以开展职业技能培训，帮助移民提升就业技能水平，增强他们在就业市场上的竞争力。此外，政府还可以出台相关政策，鼓励企业优先录用移民，为他们提供更多的就业机会和更好的就业环境。

一 禾润村经济发展具体措施

禾润村不断培育壮大村级特色产业，积极拓宽就业增收路径，持续优化完善公共服务体系，着力改善人居环境面貌，经济发展取得了显著成效。

（一）培育壮大特色产业，激活乡村振兴内生动力

禾润村引进宁夏老庄稼农业科技有限公司，盘活禾润村 22 套安置房屋，结合禾润村区位优势打造集小吃美食、农副产品加工和特色农产品销售为一体的"禾润宿集"项目，已完成项目方案细化和 5 套房屋内部水电改造。禾润民俗街延伸扩建、特色农产品加工车间已列入禾润村 2022 年重点建设项目之中，项目建成后，将与"禾润宿集"、利思田园蜜语产业园融为一体，可有效增强禾润村乡村旅游及文化软实力，同时为移民提供就近就业岗位。

禾润村把做大做强龙头企业作为引领特色农业转型的重要抓手，协助宁夏利思农业科技发展有限公司申报一二三产业融合发展资金 530 万元，初步建成"哆咪屋"特色民宿，银川市富友蔬菜瓜果种植专业合作社等农民专业合作社入驻禾润村设施农业产业园，示范种植大棚 70 余栋，初步形成了以龙头企业为引领、农民专业合作社为支撑的现代农业发展新格局。引进外地种植企业租赁园区大棚 10 栋，主要用于小尖椒、特色果蔬育苗，年可为园区及周边种植农户提供优质种苗 1200 万株。

禾润村全面提升农业配套服务能力，积极整合市区各级乡村振兴资金、扶持壮大村集体资金和为民服务发展资金，基本完成禾润村设施农业产业园机井及管道建设、河西园区道路硬化、跨芦花沟大桥建设、园区监控设备安装及微型消防站建设等项目，在园区新建 500 平方米冷链仓储中心 1 座，以解决园区农产品仓储、物流设施设备配套不足问题。2021 年，通过积极争取乡村振兴衔接资金支持，为园区 17 户种植户发放种苗补贴 2.55 万元。

（二）拓宽就业增收路径，引出农民富裕源头活水

一是提高工资性收入水平。紧抓现代服务业发展全区领跑的机遇，发挥近郊区位优势，努力形成现代服务业体系，共建立移民群众劳动力台账867份。全村共有劳动力672人，其中脱贫人口230人、一般人口442人，2022年实现稳定就业592人，就业率88.09%，其中省外就业23人、省内区外就业60人、区内就近就业509人、有就业意愿32人。禾润村培养劳务经纪人8人，结合禾润村2022年重点打造乡村旅游民宿的契机，采取"订单式"培训方式，着力开展中式面点、电工、瓦工等系列培训。核实发放已脱贫人口外出务工补贴59人11.8万元，政府购买乡村振兴公益性岗位6个，实现"零就业家庭"动态清零。

二是释放经营性收入潜力。坚持"突出重点，兼顾一般，协调发展，全面推进"原则，围绕"精准培养、创业带动"总目标，落实扶持政策、培育创业人员、搭建信息平台、构建服务体系。引导带头人在产业升级、技术带动、市场发展等方面发挥作用，吸纳带动就业200余人。

三是提高财产性收入比重。坚持规划在前、先试先行，通过集体经营性建设用地入市盘活农村集体闲置土地。2021年12月30日，禾润村首宗通过宁夏公共资源交易平台公开挂牌出让的集体经营性建设用地正式入市交易，有效增加了村集体土地货币化收益。

（三）优化完善公共服务，补齐乡村振兴短板

一是推进教育成果巩固。易地扶贫搬迁后，禾润村把稳教育"方向盘"，筑牢脱贫"根基石"。禾润村有1所小学、1所幼儿园，

193 名小学生、73 名幼儿的教育需求得到满足，实现义务教育阶段"零辍学"。为激发教育赋能乡村的活力，村里招募返乡大学生，开展禾润村假期红领巾成长课堂，探索出"一个孩子带动一个家庭"的模式；开办四点半课堂，在激发孩子们的学习兴趣和培养动手能力的基础上，改善全村老百姓的精神面貌。

二是全面提升医疗服务水平。村内配套高标准卫生室 1 座，医护人员 6 名，卫生室建设能够满足群众日常就医需求，家庭医生、基层卫生远程会诊实现全覆盖。移民村脱贫人口及"三类人员"监测对象基本医疗保险参保率达到 100%。成立禾润村公共卫生委员会，村卫生站负责人员纳入村党支部管理，建立公共卫生委员会专职副主任坐班制度，进一步强化了村卫生室与村委会的联系，做到资源信息共享，有效提升服务水平与能力。

三是持续完善基础服务设施。篮球场、健身器材、休闲步道、活动广场、日间照料中心、图书室、村史馆等一应俱全。开通禾润村通往银川市民大厅公交车，群众出行、农产品流通得到有效保障。建成污水处理厂 1 座、垃圾中转站 1 座、公共卫生间 2 座，移民村自来水入户、污水处理实现全覆盖，生活垃圾等得到及时有效处理，群众住房安全得到有效保障。

（四）改善农村人居环境，实现管理长效常态化

一是明确规矩，深入调研禾润村移民新建房屋需求，综合考虑村庄规划，制定《禾润村农房新建翻建管理办法》。积极宣传宅基地管理政策，杜绝私搭乱建行为，对严重违反村庄整体规划者坚决令其整改，开展联合执法拆除违建房屋 2 处，全村私搭乱建和违规占地风气得到有效遏制，实现了村内全面治理，全村人居环境得到了明显改善。

二是构建机制，以庭院建设为抓手推进整村人居环境整治，组织村干部开展不间断入户，动员村民整理院落、规整杂物，对村内道路定期巡查，即查即改；同时善用活用"红蓝榜"，定期曝光，督促整改，形成常态长效机制。

三是树立典型，通过组织召开美丽庭院表彰大会，对全村51户美丽庭院进行表彰，通过奖励先进的方法，实现激励全村的目标，引导村民形成自治、自觉意识。

四是扬风尚。激发群众内生动力，发挥好自治基础、法治保障、德治引领作用，进一步实现基层党组织领导下的民事民议、民事民办、民事民管，不断提升基层社会治理水平。倡导绿色环保，培育文明新风，建成禾润村垃圾中转站1座、环保公厕3座，积极开展垃圾分类活动，引导村民养成良好的垃圾分类习惯，自我管理、自我教育、自我服务、自我监督功能显著增强。

二　禾润村经济发展特征

通过对禾润村移民生计适应状况及相关因素的分析，我们可以得出初步的研究结论，禾润村移民的生计适应具有以下几方面特征。

（一）移民生计适应的整体水平有很大提高，但是还需要进一步发展

禾润村移民搬迁后的生计适应在各方面存在差异，但从整体来看，移民生计适应水平处于普通水平。禾润村移民的搬迁模式属于有土集中安置，因此移民在搬迁后不至于因失去土地而感到惶恐。但是由于安置地土地的有限性，移民分到的土地不多又被流转，这就需要移民去从事城市第二、第三产业来获取收入，而

城市第二、第三产业所需要的技能和规则束缚又使得移民感到不适应。这种不适应阻碍了禾润村移民在迁入地的后续发展，加之移民自身知识水平的限制与劳动技能的缺乏，单靠其自身很难实现在迁入地完全的生计适应。如此移民的可持续发展成为一大难题。基于此，政府应当提供与移民经济发展相关的一系列支持，或提供资金支持，或提供就业培训，或帮助其提高自身素质等。总之，当地政府应当积极发挥其在移民生计适应上的引导与保障作用。

（二）移民生计适应基本上还处于初级阶段

罗凌云、风笑天在对三峡外迁移民的研究中指出，移民对于生产劳动的适应并不是一成不变的，而是随着迁入时间的推移呈现一种波动发展的态势，移民的生计适应要依次经历初步认知时期、震撼时期和稳定发展时期三个阶段。[①] 在对禾润村移民生计适应的考察中，笔者发现禾润村移民生计适应现状基本符合初步认知时期的特征。禾润村有部分移民除了种植土地之外，没有任何技能。而有一大批移民虽然进入市场，但是由于缺乏劳动技能，处于打零工的状态，即经常变换职业，且从事的都是保洁、工地劳工等工作。这说明有相当一部分移民缺乏对城市第二、第三产业的了解与认知，无法适应城市第二、第三产业的工作内容，烙印在其身上的小农生产特征在相当程度上阻碍了移民的生计适应。移民自身发展水平的差异与劳动生产内容的复杂性决定了移民的生计适应会是一个漫长而渐进的过程，这不仅需要移民自身的转变，更多需要政府政策与相关产业的扶持。

---

① 罗凌云、风笑天：《三峡农村移民经济生产的适应性》，《调研世界》2001年第4期，第21~23页。

（三）移民生计适应的信心整体较为充足

禾润村移民生计适应整体上仍处于初级阶段，但移民对发展家庭经济的信心较足。被调查的移民表示，虽然搬迁后与原来的生产劳动方式有所差别，但是禾润村的生活条件相比于搬迁前明显改善，收入大幅度提升。由此可见，禾润村移民对生计适应的信心颇足。但是生计适应信心因年龄而有所区别，调查显示，在被问到是否愿意返回原居住地时，有3%的移民表示十分愿意。这部分移民大多年龄偏大，由于自身生存能力下降及搬迁后社会关系网络的缺失，对在禾润村生活的信心很小，认为只要有机会还是返回原居住地居住为好，表示最起码能自己维持生存，还能与之前的亲戚朋友相聚。而禾润村移民的整体年龄结构偏中等，这种群体优势能够在一定程度上帮助禾润村移民最终实现整体上的适应。在访谈中，多数移民表示，他们怀着对外面世界的向往与对美好生活的期待，搬迁是能够走出大山、摆脱贫困的重要机会，尽管搬迁后生计上碰到一些困难，但他们仍然相信未来情况会有所改善。

第三章　禾润村移民的社会交往适应

第一节　禾润村移民的社会交往
现状与特征

一　移民社会交往范围的变化情况

移民从原来长期形成的自然村落或行政村，搬迁至集中居住的新社区，其社会关系网络遭到破坏甚至解体。[①] 社会关系网络的破坏会导致移民原有的社会支持的能力有所弱化甚至消失。[②] 有些研究认为，移民的社会交往与城市农民工的社会交往一样具有内卷化倾向。例如，马荣芳、骈玉明在对宁夏和顺村易地扶贫搬迁移民的研究中发现，移民活动范围多局限于移民村内部，虽然朋友比以前多了，但主要是移民朋友；而非移民朋友占比很少，移民和当地居民的交往多是看病、购物等简单的互动，不能形成异质性强的社会关系网络。[③] 谢治菊等指出，移民原有的社会关系网

[①] 焦克源、王瑞娟：《少数民族地区生态移民效应分析——基于内蒙古孪井滩的田野调查》，《内蒙古社会科学》（汉文版）2008 年第 5 期。

[②] 李锦：《四川横断山区生态移民的风险与对策研究》，《中南民族大学学报》（人文社会科学版）2008 年第 2 期，第 6 页。

[③] 马荣芳、骈玉明：《宁夏农垦生态移民的社会关系适应性调查》，《中国农垦》2013 年第 7 期。

络断裂后，新关系构建难。①

（一）移民的社会交往

亲缘与地缘关系仍旧是村民唯一熟悉并加以利用的关系。农民与土地的联系，以及在此基础上形成的地缘关系，还有围绕宗族展开的血缘关系，构成了传统农村社区中人与人社会关系的核心。对于移民社会交往的研究，主要围绕三个层面进行：移民之间的互动、他们与亲戚间的关系，以及他们与当地居民之间的交往。

（二）移民之间的社会交往

1. 移民与同村移民之间的交往

移民与移民之间的交往分为两种情况：一种是与同一村落搬迁过来的移民之间的交往，另一种是与来自其他村落的移民之间的交往。前者反映了原有社会关系的维系，后者则体现了新的社会关系的建立。禾润村移民的安置方式为集中安置，比例达到100%，即来自同一村的移民集中在一个安置点。调查显示，有一半以上（73.2%）的移民与同村移民交往频率既没有增加也没有减少，但有18.6%的移民表示与同村移民的交往增加了，只有8.2%的人表示与同村移民的交往减少了，这说明绝大多数的移民和同村移民能够保持原来的交往关系，甚至有一定比例的移民与同村移民的交往比过去更加频繁了。移民与同一村搬迁来的村民的交往比过去频繁，多与搬迁后居住地格局的变化有关。移民的集中安置方式，改变了移民过去的居住格局，增加了同村移民之间的交往机会。这使原有的社会交

---

① 谢治菊等：《社会性融入：易地扶贫搬迁移民多维度透视》，中国社会科学出版社，2023。

往网络得以延续。

2. 与其他村庄村民的交往

禾润村移民都是整村搬迁而来的，在社会交往方面，除了与同村移民有交往外，也存在和其他村村民的往来，但是交往的频率比较低。调查发现，禾润村移民与其他村村民往来的占 37.5%，不曾与其他村村民往来的占 62.5%。这说明有一部分移民的交往圈子已经超出了同村的范围而有所扩大，不同村的村民之间的交往有助于大家相互支持和帮助。

3. 搬迁至新地的移民与亲戚间的互动

亲戚关系是基于血缘、姻缘的强关系，在农村具有重要的意义。亲戚之间的交往在人们的生活中发挥着重要的作用。韩莉丽对甘肃肃南县的移民研究发现，空间距离的缩短，使得牧民与家人和亲戚的交流更加频繁。[1] 那么，搬迁后产生的空间距离，是否会对移民与亲戚的交往产生一定的影响？移民与亲戚之间的交往受到了搬迁的影响。禾润村的搬迁距离有 345 公里，55.5%的移民认为因为搬迁而与亲戚的关系、交往受到影响，而有44.5%的人认为没有任何影响。所以禾润村移民与亲戚的交往，因为距离的原因受到了较大的影响。

（三）移民与当地人的交往

丛玉飞、任春红认为提高群体间（移民与当地人）的社会交往和文化融合程度，能够显著削弱社会疏离感。[2] 在移民与当地人交往的研究中，许多研究发现，移民的社会交往呈现"内卷

① 韩莉丽：《牧民定居过程中社会关系网络的重构——以甘肃肃南县白银蒙古族乡为例》，硕士学位论文，西北民族大学，2012。
② 丛玉飞、任春红：《城市外来务工人员社会疏离感影响因素分析——以长三角和珠三角为例》，《中共福建省委党校学报》2016 年第 8 期，第 7 页。

化"的现象。搬迁到 300 多公里外的禾润村，原居住地的生产方式和生活方式与安置点的生产方式和生活方式差异比较大，因此移民与当地人的交往不是很频繁。笔者对村民访谈的时候，他们说自己平时与当地人交往的机会不是很多。89.5% 的移民认为当地人对移民没有歧视，5.5% 的移民认为有点歧视，只有2.3% 的移民认为当地人对移民非常歧视，还有 3.7% 的移民表示不知道。总体上，在移民的感知中，当地人对移民的歧视程度较低。

　　禾润村的所有移民都是回族，回族移民的社会关系网络大致可以分为三个部分：亲属关系网络、拟亲属关系网络和非亲属关系网络。从关系的亲密程度和稳定性来看，以移民个人为中心，这三个关系由近及远排列开来。正如费孝通提出的"差序格局"一样，以个人为中心，不同的社会关系形成了一圈一圈的波纹，波纹的远近可以表示社会关系的亲疏，回族移民的社会关系网络就像由波纹组成的一个个圈层。首先，亲属关系网络是与移民最亲密、关系最稳定的内圈层，也是核心圈层；其次，拟亲属关系网络是与移民比较亲密、关系相对稳定的中圈层，也可以称作过渡圈层；最后，非亲属关系网络是与移民不太亲密、关系不太稳定的外圈层。在回族移民中圈层和外圈层中，因为"整村搬迁"使他们的中圈层和外圈层破坏严重，而搬迁后仅凭核心圈层是不够的，他们会进一步拓展社会关系圈层。搬迁后，回族村落居民会因为地缘相近、共同的生产生活、商业往来等原因，不断扩大社会关系网络；此外，婚姻关系的建立也会促使其社会关系圈层发生改变。

二　移民的邻里交往

　　移民与当地人的交往，反映了移民新的社会关系网络的建立。

移民与同村移民以及与亲戚的交往则反映的是原有社会关系网络的维持状况。但衡量社会交往的性质和水平，最重要的一个指标是邻里关系。对移民来说，邻里关系指的是同一社区里的所有居民之间的关系，它包括与同村移民、亲戚以及其他人的关系。移民来自乡村社区，在乡村社区里人们长期交往，因人情、面子等而频繁互动，形成一种紧密的关系，构成了一种紧密性社会资本。因此，邻里关系应该更为传统、更为和睦才对。禾润村因为整村移民所以具有一定的同质性，这有利于邻里交往。最重要的是，移民们搬迁到新的居住点后，对移民社区的依赖性增强，加强邻里交往有助于获取相应的社会资源。调查发现，在邻里交往中，60.4% 的人见面打招呼，39.6% 的人见面不打招呼。见面打招呼属于点头之交，是交往的较低层次；能够相互去家里玩，属于比较深层次的邻里交往。调查发现，76.2% 的移民经常去邻居家玩，23.8% 的移民从不去邻居家玩。可见，禾润村移民的邻里交往，总体来说是一种熟人社会的关系形式，邻里关系相对较好。

三　移民的工具性社会交往与情感性社会交往

从社会交往的性质来看，社会交往又可以分为工具性社会交往与情感性社会交往。客观上，建立了社会关系网络，也就建立了社会支持网络。可以说，与谁交往、有多少朋友是社会交往的形式，而社会交往的实际结果则体现在获得了多少社会支持。大量的研究表明社会支持对移民具有重要意义。李强指出，良好的社会支持有助于移民的心理健康。[1] 何雪松在研究香港新移民妇女时发现，在定居阶段的不同时期，新移民妇女有不同的社会支

---

[1]　李强：《社会支持与个体心理健康》，《天津社会科学》1998 年第 1 期，第 4 页。

持需要。① 其中，工具性社会支持尤为关键。移民的工具性社会支持包括经济知识（物质帮助）、信息支持（信息和情报提供）、咨询与指导支持等方面的内容。针对这部分内容，问卷中涉及的问题是："为您提供最大经济支持的人员身份？重大事情向谁咨询？"57.2%的移民表示提供最大经济支持的人员是亲戚，27.9%的移民表示是家人，5.7%的移民表示是朋友，3.9%的移民表示是邻居，另有2.4%的移民表示是信用社的信贷工作人员。其他有选择村干部、同学，但是比例非常小，几乎可以忽略不计。亲戚与家人合起来占到了85.1%。这表明移民的经济支持主要来自亲戚，同学、邻居等业缘与地缘关系的经济帮助较小。朋友的帮助占到了5.7%，说明有部分经济支持来自朋友，但是比例比较低。按照"差序格局"理论，在中国乡村的传统观念中，排第一位的是家人，然后是有血缘和姻缘关系的亲戚，最后是其他基于地缘与业缘关系的同事、老乡等。调查发现，禾润村移民的人际关系观念基本遵循这一传统。

移民的情感性社会支持包括生病时的照料、倾诉等方面的支持，情感性社会支持对移民的精神健康、生活便利、归属感等方面有重要的影响。问卷中涉及的问题："生病时照顾您的人是谁？""您烦心的时候向谁倾诉？""近一段时间您和谁一起进行社会活动（串门儿、吃饭、散步等）？"关于生病时的照顾人，91.5%的移民选择家人，6.1%的人选择亲戚，选择邻居、朋友和同村移民等的频率都非常低，可以忽略不计。可见，在生病时可以照顾的人基本上都是强关系中的人。禾润村移民的社会支持网络不健全，原有的社会支持网络由于搬迁可能发生部分破裂，新的社会支持网络

---

① 何雪松：《社会支持的动态变化：关于香港新移民妇女的研究》，《南方人口》2007年第1期，第8页。

还没有建立起来。所以社区提供一定的社区照顾服务等是必要的。从村民遇到困难首选帮助的情况（见表 3-1）来看，关于"您烦心的时候向谁倾诉？"的问题，35.7%的移民首要的烦恼倾诉对象是家人，6.2%的移民向亲戚倾诉，5.4%的移民向同学倾诉，7.9%的移民找邻居，找朋友倾诉的比例为 16.6%，其他类型占比极少，可以忽略不计。可见找家人倾诉排在第一位，找朋友倾诉排在第二位，朋友亦是重要的烦恼倾诉对象。另外，表示没有人倾诉或者是遇到事情时不说的移民比例共占到 28.05%，这说明部分移民的情感性社会支持比较有限，不能找到适当的倾诉对象。在回答"近一段时间您和谁一起进行社会活动（串门儿、吃饭、散步等）？"这一问题时，25.3%的移民表示与家人一起，7.6%的移民表示与亲戚一起，9.9%的移民表示与邻居一起，7.1%的移民表示与同村移民一起，15.4%的移民表示与朋友一起，31.9%的移民表示没有人一起。调查中，无人陪伴的比例占到了 31.9%，而无人倾诉的比例占到了 28%，这反映了部分移民在安置点没有构建起一个有效的、深层次的社会关系网络，血缘、地缘关系占据重要的地位。

表 3-1　禾润村移民的工具性社会支持与情感性社会支持

单位:%

	为您提供最大经济支持的人员身份？重大事情向谁咨询？	生病时照顾您的人是谁？	您烦心的时候向谁倾诉？	近一段时间您和谁一起进行社会活动（串门儿、吃饭、散步等）？
家人	27.9	91.5	35.7	25.3
亲戚	57.2	6.1	6.2	7.6
邻居	3.9	0.3	7.9	9.9

续表

	为您提供最大经济支持的人员身份？重大事情向谁咨询？	生病时照顾您的人是谁？	您烦心的时候向谁倾诉？	近一段时间您和谁一起进行社会活动（串门儿、吃饭、散步等）？
同学	0.9	0.2	5.4	1
同村移民	0.7	0.6	0.06	7.1
朋友	5.7	0.5	16.6	15.4
村干部	1.1	0.2	0.04	1
信贷工作人员	2.4	0.1	0.05	0.4
没有人	0.1	0.2	28	31.9
遇到事情时不说	0.1	0.3	0.05	0.4

调查发现，无论是在工具性社会支持方面，还是在情感性社会支持方面，移民获得的正式社会支持相对比较少。移民工具性社会支持和情感性社会支持高度依赖血缘、地缘传统关系，非传统关系在社会支持提供方面占比较低。

第二节　禾润村移民社会交往适应的 总体水平及影响

一　个体特征与移民社会交往适应水平

个体特征包括年龄、性别、受教育程度和民族成分。陈经富在研究移民社会交往时发现，移民的年龄不同，交往的地域范围不同，年龄越大越倾向于近距离交往，年龄越小越倾向于大范围交往。① 胡荣对农村社区和城市社区的研究发现，年龄与社区居民的社会交往呈负相关关系，年龄越大，社会交往越少。② 在性别影响方面，陈经富在研究移民社会交往时得出结论，受传统男权制的影响，男主外、女主内的家庭分工模式仍然发挥着重要的作用。③ 所以，在移民社区，男性以社会交往为主，女性以亲属交往为主，男性的交往范围比女性的交往范围要广。胡荣在研究农村社会交往时发现，文化程度越高者的亲属交往和社会交往范围越大。④ 陈经富在研究移民社会交往时认为，文化程度越高，移民的社会交往范围越大。受教育程度对移民的社会交往的影响显著，移民的受教育程度越高、社会交往范围越广，社会交往适应水平就越高。

二 移民方式与移民社会交往适应水平

马宗保发现，城镇的现代楼房居住模式封闭性比较强，对居民之间的交往有一定程度的影响。⑤ 包俊林则发现，对于移民来说，搬迁时间是一个显著的影响因素。原因在于，移民来到一个陌生的安置点，人生地不熟的初级阶段，往往是他们生活最困难的阶段。随着时间的推移，特别是随着当地政府和地方居民的接纳，移民与

① 陈经富：《半熟人社会：理解当代乡村社会治理的一个重要概念》，《邢台学院学报》2021年第3期。
② 胡荣：《影响村民社会交往的因素分析》，《厦门大学学报》（哲学社会科学版）2005年第2期，第7页。
③ 陈经富：《半熟人社会：理解当代乡村社会治理的一个重要概念》，《邢台学院学报》2021年第3期。
④ 胡荣：《影响村民社会交往的因素分析》，《厦门大学学报》（哲学社会科学版）2005年第2期，第7页。
⑤ 马宗保：《社会资源共享与城市社会和谐——宁夏银川市流动人口调查报告》，《宁夏社会科学》2007年第2期。

当地人之间的交往频率增加，他们的社会适应状况显著地得到改善。① 风笑天对江苏与浙江两地不同安置方式即集中安置和分散安置的移民的研究发现，由于相对集中的安置方式，大家从一开始就局限于自己的小圈子，形成相对独立的小团体。正是相对集中的安置方式，客观上形成了一个与安置点居民相对应的移民小群体。这种移民小群体强化了移民相互之间的"我群感"，以及移民与当地居民之间的"他群感"。② 禾润村安置点距离移民的老家有300多公里，距离最近的村子有3公里左右。由于离老家很远，加上安置点里都是当地的村民，所以移民之间的来往比较多；但是与当地人的来往，由于距离的原因比较少，自然就有了"我群"和"他群"之分。

从移民与当地人交往情况（见表3-2）来看，禾润村移民经常与当地人来往的占到24.5%，偶尔有来往的占到32.6%，基本不来往的占到42.7%。从统计数据上，我们可以看到移民与当地人来往的比例还是很低的。

表3-2　禾润村移民与当地人交往情况

单位：人，%

	经常	偶尔	基本不来往
人数	51	68	89
占比	24.5	32.6	42.7

三　社区环境与社会交往适应

风笑天在研究分析三峡移民后指出，移民的社会交往会受到

---

① 包俊林：《基于467户广西水库移民社会适应的调查研究》，《水力发电》2018年第6期，第5页。
② 风笑天：《安置方式、人际交往与移民适应——江苏、浙江343户三峡农村移民的比较研究》，《社会》2008年第2期。

当地人态度的影响，进而会对三峡移民的社会适应能力产生一定的影响。①

从当地人对禾润村移民的态度（见表3-3）来看，当地人态度越好，移民的社会交往适应水平就越高。社区工作人员对移民的态度越好，移民的社会交往适应水平也越高。禾润村移民越是认为当地人态度友好或没有歧视，他们的社会交往状况就越好。也就是说，当地人对移民的态度直接影响移民与当地居民交往的意愿与交往的机会。当地人如果以包容之心积极地接纳移民，或者移民能够感受到当地人的友好，则彼此就容易消除戒备心理而进行正常的往来。调查发现，76.9%的移民认为当地人对移民没有歧视。这说明，绝大多数的移民感受到的当地人态度是友好的，或者是没有歧视的，这为双方的友好交往奠定了基础。

表 3-3　当地人对禾润村移民的态度

单位：人，%

	没有歧视	有点歧视	非常歧视	不知道
人数	160	27	3	18
占比	76.9	13.0	1.4	8.7

社区工作人员的态度也会影响移民的社会交往适应，这与社区工作人员的工作性质相关。政府对移民的社会生活各个方面非常关心，而政府的所有关于移民的政策的实施都是通过社区工作人员落实的。社区工作人员对移民的态度好，没有歧视、没有排挤，就能够增强移民的自信心，从而能在社区以平等的身份和地位与他人交往。反之，移民就可能会退回到个人或家庭，缺乏与外界交往的自

① 风笑天：《"落地生根"？——三峡农村移民的社会适应》，《社会学研究》2004年第5期，第19~27页。

信。当然，社区工作人员的工作态度不仅包括对待移民时的面容、表情和语气，也包括他们是否积极地为移民提供服务。

四　政府政策与移民社会交往适应

政府越关心移民，移民的社会交往适应状况就越好。从调查中我们可以了解到，政府在移民生存问题上给予了移民很多方面特殊的支持，让移民增强了自信心。例如，政府在经济与就业方面给予移民的扶持，可以缩小移民与当地人的经济差距；政府的住房政策让移民在城镇有着和当地人一样，甚至更好的住宅；政府规划的安置点，外貌上整齐划一，常常是当地社区的一个亮点；等等。这些政府的政策能够使移民比较容易地克服可能的自卑心理，开放地与当地人进行交流交往。

第三节　禾润村移民社会交往适应的现状和影响因素

一　影响禾润村移民社会交往适应的主要因素

第一，不同年龄、不同文化程度和不同性别的移民存在社会交往适应的差异。年龄大和受教育年限少的移民在社会交往中存在一定的困难，难以拓展社会交往网络。

第二，禾润村整体搬迁、集中安置的方式使移民原来的人际关系受到的破坏小，但这样会使移民与当地人交往的动力小一点，从而产生社会交往的"内卷化"。

第三，当地人的态度和社区工作人员的态度，对移民的社会交往产生正向影响。整体来看，若禾润村移民安置点的当地人对移民比较真诚热情，社区工作人员能够主动地为移民提供日常生活援助，那么当地人和社区工作人员就会成为移民重要的社会支持网络。

社会交往是促进社会融合的重要途径，也是移民社会交往适应的一个重要的方面。移民通过社会交往，可以积累本地社会资本，解决在新居住地生产生活中的各项问题，实现社会融合。禾润村移民的社会交往存在诸如同质化交往、与当地居民交往的浅层化、社会支持渠道不足等问题，需要政府、社区提供服务去化解矛盾。政府的政策导向一定程度上影响了移民的社会交往适应。例如，政府推动的社区融合活动，如文化节、邻里互助日等，能够鼓励移民与当地人增进交流，打破彼此间的隔阂。这些活动不仅丰富了移民的精神文化生活，也增强了他们对新环境的认同感和归属感。同时，政府的就业培训和创业扶持政策为移民提供了更多的社交机会。通过参加技能培训课程，移民可以结识来自不同背景的同龄人，共同探讨就业和创业的可能性。这些交流不仅有助于拓宽他们的职业视野，也为他们在新环境中建立新的社交网络提供了可能。再者，政府的公共服务设施建设和社区治理环境也是影响移民社会交往适应的重要因素。完善的公共服务设施，如公园、图书馆、文化活动中心等，为移民提供了休闲娱乐和社交的场所。而良好的社区治理环境，如和谐的人际关系、有效的矛盾调解机制等，则有助于营造一个安全、友善的社区氛围，从而吸引移民更多地参与到社区活动中来。

二　禾润村移民社会交往适应的现状

研究表明，禾润村移民的社会交往适应状况良好，表现在原有的社会交往网络没有因为搬迁而发生太大的变化，搬迁前的亲缘关系和地缘关系基本没有受到影响，搬迁后新的社会交往网络形成。移民群体内部存在一定程度的分化，例如移民社会交往存在一定程度的"内卷化"，与当地人关系比较疏离，受教育程度低的移民社会交往网络的扩大比较困难，具体总结如下。

　　首先，禾润村的移民之间维持着较为频繁和紧密的社交联系。这种联系不仅体现在那些通过易地扶贫搬迁政策来到这里的移民之间的互动，还体现在这些移民与其他村村民之间建立起来的联系。这表明他们的社交圈正在逐步扩大。然而，从整体上看，移民与当地居民之间的互动仍然停留在较为表面的层次。这种表面化的交往主要体现在移民之间的互动更多出于实际需要或工具性的目的，而在情感交流和深层次的社交活动中，当地居民的参与度相对较低。

　　其次，禾润村移民的邻里交往处于较高的水平。虽然禾润村安置点位于城郊，属于城市社区，但移民的社会交往情况好于一般城市社区，属于典型熟人社区的邻里交往模式。这主要是因为禾润村以集中安置为主，这种社区同质性较强，移民搬到新的居住点后，因缺乏外在的社会资本，对移民社区的依赖性增强，邻里交往的意愿增强，这些因素提升了移民邻里交往的频率和层次。移民们不仅在物质生活上互相帮助，在精神层面也相互扶持。他们经常组织各类社区活动，如节日庆典、邻里聚餐等。这些活动不仅丰富了他们的业余生活，也进一步强化了邻里间的联系。此外，禾润村移民在邻里交往中展现出了较高水平的互助精神，无论是家庭琐事还是紧急困难，邻里间总能及时伸出援手，共同面对和解决。这种紧密的邻里关系不仅增强了他们的生活幸福感，也为他们的社会交往提供了重要的支持。

　　最后，禾润村社区的同质性强，无论是工具性社会支持还是情感性社会支持，移民主要依赖于血缘和姻缘的强关系，来自同学、朋友等业缘与地缘关系的社会支持比较缺乏。移民获取经济支持和重大事情咨询的主要对象是亲戚与家人。在生病照料、烦恼倾诉、日常陪伴等方面，家人与亲戚始终是主要对象。但在烦恼倾诉、日常陪伴方面，朋友与邻居的比例显著提升，亲戚的比例显著下降。因此，相比于工具性社会支持，在移民的情感性社会支持中，朋友和邻居的作用在不断凸显。

第四章　禾润村移民的文化适应

　　移民搬迁并不仅仅是地理位置的转移，它还涉及因不同地域文化差异而产生的适应性问题。一方面，不同文化背景的群体之间的深入接触有助于推动文化的交流和融合。这种文化的交流和融合可以促进社会的多元化发展，丰富当地的文化生态。另一方面，随着移民的搬迁和重新定居，他们原有的文化可能面临与新环境文化的不协调和冲突。这不仅可能影响移民个体的心理健康，还可能对社会的和谐与稳定构成挑战。因此，在移民搬迁过程中，如何处理好文化差异问题，促进不同文化下居民的相互理解和尊重，是需要认真考虑和妥善解决的重要问题。因此，研究移民文化适应对促进移民地区社会的和谐与稳定具有十分重要的现实意义。本章主要从习俗适应、居住适应、休闲适应三个方面来分析移民文化适应的现状与特征，探讨影响移民文化适应的各种因素，针对相关问题提出相应的对策建议。

第一节　禾润村搬迁前后移民的文化适应状况

　　1880 年，美国民族学局（Bureau of American Ethnology）在一份报告中首次使用"acculturation"（文化适应）一词。约翰·威斯利·鲍威尔（John Wesley Powell）将文化适应定义为跨文化模仿引

起的心理变化。① 西蒙斯（Simons）在 1901 年从社会学的角度认为
文化适应是一个双向的不同文化"相互调节"的过程。人类学家雷
德菲尔德（Redfield）、林顿（Lintin）和赫斯科维茨（Herskovits）
在 1936 年给出了较为正式的文化适应定义：由个体组成，且具有
不同文化的群体之间发生持续的、直接的文化接触，导致一方或双
方原有文化模式发生改变的现象。② 斯图尔特（Stewart）认为，文
化可以能动地利用特定的技术从生存环境中获得生产资料，反过来
这种技术也将在思想观念层面反映出来，以此将文化的不适应变得
适应。③ 因此，文化的适应是双重的调适，既是对自然的调适，也
是对社会的调适。④ 有研究者指出文化适应也称文化渗入、文化潜
移、文化调适等，是指不同文化群体及其成员彼此接触，致使其文
化与心理发生双重变化的过程。本研究把文化适应界定为具有不同
文化背景的个体或群体成员彼此接触或互动，从而导致其文化的各
个方面发生变化的过程。移民的文化适应，指的是移民搬迁后在文
化和习俗等各个方面所面临的不同文化的冲击和融合，意识到其中
的差别和变化，并逐渐从行为、心理和思维上做出回应的过程。本
研究从移民文化适应的三个内容（习俗适应、居住适应、休闲适
应）的具体现状和特征表现以及影响因素展开详细论述。

一 移民习俗适应现状及特征

洪勇认为，习俗文化是"以口头风俗或行为等形式创造和传播

---

① 转引自 F. W. Rudmin, "Field Notes from the Quest for the First Use of 'Acculturation'," *Cross-Cultural Psychology Bulletin*, 2003, Vol. 37, pp. 24-31。
② 转引自 David L. Sam and John W. Berry, *The Cambridge Handbook of Acculturation Psychology*, Cambridge: Cambridge University Press, 2006, pp. 11-38。
③ J. H. Stewart, *Theory of Culture Change: The Methodology of Multilinear Evolution*, Champaign: University of Illinois Press, 1927.
④ 罗康隆：《论文化适应》，《吉首大学学报》（社会科学版）2005 年第 2 期，第 7 页。

文化的现象，与生活紧密相连，体现了人们日常生活的行为规范、道德伦理、认知方式和思维模式"①。它在特定的群体、村落或民族之间发挥着桥梁和纽带的作用。习俗为"体现某种文化的物质层面和精神层面的所有内容，包括了饮食、节日、仪式、服饰、交往礼仪、生活习惯、价值观、世界观等内容"②。本研究中的日常习俗包括节日习俗、饮食习俗、穿衣习俗。本研究从日常习俗与邻里交往礼仪两个方面对禾润村移民的习俗适应展开具体分析。

我们通过"搬迁后习俗是否发生了变化"这个问题来从总体上了解禾润村移民搬迁后习俗的变迁，发现移民认为搬迁后习俗有变化的仅占 8.5%，91.5% 的移民认为其习俗没有发生变化。可见绝大多数移民认为搬迁后习俗没有发生变迁。对于习俗的几个具体内容，大多数的禾润村移民都认为搬迁后没有什么变化，其中认为没有变化比例最高的是节日习俗，为 90.5%。

（一）日常习俗的适应现状及特征

一个社区的习俗是社区居民长期以来形成的稳定的生活方式的重要载体。移民搬迁到安置点后，其节日习俗、穿衣习俗等变化都不明显，但是饮食习俗出现了一定程度的变化。首先，饮食习俗变化不单指食物种类的变化，还包括饮食方式、饮食习惯、饮食氛围的改变。从食物品种结构方面来看，根据访谈和田野调查，禾润村移民搬迁后离城镇近了，食品结构发生了变化，品种多样化了。移民搬迁后，饮食品种和习惯的改变体现的是其生活水平的提高，饮食更加健康了。因此，移民对这种变化是适应的。移民表示搬迁后食品的种类丰富了。

①　洪勇：《试论民俗文化的特征和保护》，《南方文物》2004 年第 3 期，第 4 页。
②　王娟：《民俗学概论》，北京大学出版社，2002。

以前在当地能不能吃饱肚子，全看老天爷的脸色，经常是今年的粮食还没吃到，来年的粮就断了。老家每天不是洋芋就是玉米面饼，只有家里来亲戚时，才能吃到白面。而如今，白米、白面、牛羊肉、鸡鸭鱼以及各种蔬菜是家中餐桌上再平常不过的东西了，想吃啥就有啥，冬天都能吃到夏天的水果，这在过去是我们想都不敢想的事。（母川军　男　45岁）

关于服饰文化，通过调查我们发现保持着身穿传统服饰习惯的大多是老年妇女。由于现代化和城镇化的影响，大众化的服饰由于其便捷性和时尚性，早已替代了传统的服饰。青壮年因为工作的需要不便穿传统服饰，习惯了大众服饰的便捷和时尚。青年人在穿衣打扮上出现了追求时尚、赶时髦、随潮流的现象，传统服饰被同化的现象比较突出。

（二）邻里交往礼仪的适应现状及特征

邻里适应是指移民搬迁后安置点社区居民的日常交往礼仪的适应。所谓邻里交往是指"社区居民相互间的日常联系，居民可借由邻里交往获得功利性和情感性的社会支持"[1]。调查发现，在移民的几种交往方式中，相互去家里玩比例最高，为29.1%；其次是参加对方家里的红白喜事，为26.6%；再次是只是见面打招呼，为23%；最低是一起逛街，为20.2%。相互去家里玩和参加对方家里的红白喜事两项的比例高，说明移民社区仍保留了一种熟人社区的邻里交往关系，邻里交往关系水平相对较高。因为禾润村安置点的社区居民都是整村搬迁而来，所以居民具有同质化的特点，邻里交

---

[1] 黎熙元、陈福平：《社区论辩：转型期中国城市社区的形态转变》，《社会学研究》2008年第2期，第26页。

往带有较强的乡村邻里交往习惯，可以相互随便串门，家中遇到大事会相互上门帮忙，闲暇时会随便喊几个邻居结伴逛街。政府在实施易地扶贫搬迁的过程中比较重视对移民的民族文化的保护，凡涉及民族人口的搬迁，政府一般都会考虑到民族文化的保护、传承、开发问题，或者把民族文化作为安置点的支柱产业进行培育和开发。

二　移民居住适应现状及特征

（一）禾润村移民居住空间的变迁

移民的居住空间其实包含两个方面，一个是移民安置点社区的空间，一个是移民家庭房屋内部的空间。这些空间的合理规划和布局，影响着移民的文化适应。学者们认为空间具备三个特质：其一，空间是一个地理区域；其二，空间具有物质性，也就是说空间是由物质文化构成的；其三，空间是一个社会结构性的存在，具有社会价值和意义。

禾润村的建筑是中国传统的建筑风格，青瓦白墙，小院联排，花草林带错落有致；同时参照城市社区建设标准，立足便民利民，基础设施和公共设施相当完善。禾润村主要以两户联排布置，局部单排，农宅约一半为坐北朝南，其余为南偏东 30 度。住宅以马头墙为边界，每户均有 195 平方米的宅基地，面宽约 15 米，进深约 13 米，依据人口数的不同建设了不同建筑面积的民居。本研究调研的户型为三室，建筑面宽约 10 米，进深约 6.5 米，为砖混结构的两坡灰瓦房屋。禾润村在所有移民新村中是比较有特点和风格的。禾润村移民的安置房，人均面积普遍比搬迁前的房屋小，房屋内部房间的功能性分布因房屋总体面积的变化而发生变化。原居住地的房屋可能比较破旧了，但面积足够一家三代甚至四代住，绝大多数移民在原居住地的房屋内一般会放置粮食和家庭物件，比如大锅、簸箕、筛子等。

（二）居住文化的适应及特征

大多数移民感觉搬迁后的居住情况发生了程度不一的变化，他们对这些变化的评价如何？移民认为搬迁后居住条件变好了的比例达到87%，只有9.1%的移民认为搬迁前的居住条件好。这说明大多数移民对搬迁后的居住条件是比较认可的。前面对搬迁前后移民居住空间和住房条件的对比描述，可以看到移民搬迁后居住方面的变化是比较大的，因为居住空间的布局和房屋内部房间的布局都与其功能有关，而功能又与人们的生产生活方式有关。搬迁前后居住条件的突出变化为房屋面积变小、房屋布局紧密了，从而导致房屋内部的房间不够用，大物件没有地方摆，房前屋后没有空间供移民种植蔬菜。不过这些方面都主要是农业社会的需要，搬迁前村民以务农为主，农业社会的日常生活所需与城镇生活所需是有区别的。搬迁后移民虽然仍处于半工半农的生计模式，但务农比例大幅度下降，因而过去的很多大物件可能不再需要。安置点房屋内的现代化生活条件给移民提供了很大的方便。

三　移民休闲适应的现状和特征

所谓休闲，是指个人在非劳动、非工作时间内，通过自主选择的、非强制性的活动（如娱乐、放松、学习、社交等）实现身心调节、情感需求满足与自我发展，以提升生活质量和增强幸福感的一种生活状态或行为方式。休闲和娱乐活动紧密相连，因为娱乐活动是休闲时间中的一个重要内容。当然休闲不只有娱乐的功能，还有放松和发展的功能。从休闲的类别来看，有经济类和非经济类；从休闲的层次来看，有身体上的休闲、精神上的休闲和超越自我的无我状态的休闲。娱乐生活是文化生活的一部分，是人们精神生活的体现。调查发现，禾润村 57.6% 的移民认为自己的休闲生活没有发生变化，有 42.4% 的移民认为发生了变化。移民搬迁前后变化大的几件事情就是聊天、看电视和上网的比例有所上升，做其他事情的比例有一定的下降。空闲时间看电视或上网的比例在搬迁后提升到第一位，但是城市社区比较盛行的麻将和广场舞基本没有对移民产生影响。

由于半数以上的移民认为休闲生活没有发生变迁，而且休闲活动内容的变化，表现的也是一种城乡社区休闲生活的区别，它的趋势是比过去更加轻松和简单。因此，通过统计发现，移民对休闲生活所发生变化的适应状况，总体上是非常好的。禾润村通过建立高标准配套幼儿园，改造禾润爱心小学，实现扶贫扶智从娃娃抓起。设立村卫生室，实现基本医疗标准化，设立村史馆、图书馆，开展书香阅读、曲艺进移民新村等文娱活动，把服务项目"打包捆绑"送到村民手中。实施"老年人健康工程"，开设绘画、手工等培训课程，丰富辖区群众的精神文化生活。通过制定《禾润村乡风文明实践超市积分卡赋分规定》《禾润村村规民约正向激励、反向监督实施办法》等规章制度，引导村民自我管理、自我教育、自我服务、自我提高，全力打造乡风文明、民族团结、社会和谐的塞上移民新村居。

第二节　移民文化适应水平的影响因素

在文化适应的研究中，不同学者的关注角度不一样。例如，

Szapocznik 和 Kurtines 从心理学角度指出，文化适应包括"行为和价值观两个维度，前者包括运用语言及参与其他文化活动，后者指人和人、人和自然等关系模式"①。文化适应这个概念，在国内外学术界中的指向大多数是清晰的，但有少数学者在社会适应的概念上使用了文化适应。解彩霞选择环境适应、饮食适应、住房满意度、衣着适应、生产适应五个维度作为社会适应的分析指标。② 显然，其中的饮食、衣着以及住房可以归为文化适应，与生产环境适应相并列。田凯把农工、农民工的城市适应性操作化为相对稳定的职业、经济收入、社会地位、生活方式、社会交往和社会参与，其中的生活方式很大程度上与文化适应是同一个概念。③

一 个体特征与移民的文化适应水平

郑杭生认为，文化震荡是生活在某一种文化中的人初次接触到另一种文化模式时所产生的思想上的混乱与心理上的压力。④ 周晓虹指出，社会学家和文化人类学家将由内在的文化积累或外在的文化移入引起的急剧的变迁对人的心理、生活的冲击与震动称为文化震荡。托夫勒把文化震荡描述为人们在极短的时间里承受过多的文化以后，感到压力重重、晕头转向、不知所措的现象。⑤ 文化相遇时是否发生文化震荡，以及如果发生，文化震荡程度的大小一般由两个重要的因素决定，第一个就是文化差异的程度，第二个就是个体的异文化体验。文化的差异越大，发生文化震

① J. Szapocznik and W. Kurtines, *Acculturation, Biculturalism and Adjustment among Cuban Americans*, Boulder, Co., Westview Press, 1980.
② 解彩霞：《三江源生态移民社会适应与回迁愿望分析》，《攀登》2010 年第 6 期。
③ 田凯：《关于农民工的城市适应性的调查分析与思考》，《社会科学研究》1995 年第 5 期。
④ 郑杭生主编《社会学概论新修》（第三版），中国人民大学出版社，2003。
⑤ 转引自宋丽英《托夫勒谈第四次浪潮》，《医院管理》1984 年第 6 期，第 1 页。

荡的可能性越大；个体越缺少不同文化体验经历，发生文化震荡的可能性越大。禾润村的移民都是回族，而搬迁地距移民的老家有300多公里，这些移民不仅离开了原来的文化圈，还面临着城市文化和乡村文化的差异。周晓虹认为，对于每一个从传统乡村进入城市的人来说，城市文化都会成为一个全新的社会化力量。[①] 陈晓毅的研究发现，居住空间以及生产生活方式等方面的改变，给进入城市的少数民族移民带来了较大冲击，而文化冲击的强烈程度又和这些流动人口自身所处的文化与城市文化的文化距离有着密切的联系。[②]

二　搬迁特点与移民的文化适应水平

一般来说，随着时间的推移，日常生活的适应是比较容易的。随着搬迁时间的延长，移民社会适应的状况逐渐向好的方向发展。李婷婷、张杏梅研究宁夏易地扶贫搬迁移民居住文化适应时发现，对于居住文化的变化，大部分人刚迁入时很不适应，有过返迁想法；但随着时间的推移，适应性逐渐增强，移民比较认可当地的居住文化并积极投入居住文化的重建中，以谋求进一步发展。[③] 沈洁认为，较长的居住时间可以扩大移民的接触面，大大地增加其融入社会的机会。[④]

禾润村采取的是远距离的县城安置的方式，安置点的文化与搬迁地的文化差异较大，对于移民而言这意味着文化的碰撞与交

---

① 周晓虹：《传统与变迁：江浙农民的社会心理及其近代以来的嬗变》，生活·读书·新知三联书店，1998。
② 陈晓毅：《城市外来少数民族文化适应的三层面分析模式——以深圳"中国民俗文化村"员工为例》，《贵州民族研究》2005 年第 5 期，第 8 页。
③ 李婷婷、张杏梅：《宁夏生态移民居住文化适应情况调查——以宁夏红寺堡区弘德村为例》，《山西师范大学学报》（自然科学版）2018 年第 3 期。
④ 沈洁：《当代中国城市移民的居住区位与社会排斥——对上海的实证研究》，《城市发展研究》2016 年第 9 期，第 9 页。

流。禾润村移民不仅要克服两地传统文化的平行差距带来的不足，还要缩小传统文化与现代化之间的差距。在城市居民看来已经是习惯了的现代化生活要素，在移民看来，可能是个新的需要学习的生活技能。搬迁后的房屋相对于搬迁前的房屋面积小了，没有房前屋后的多余空间使活动受阻。另外惯用的物品没有地方堆放，给移民带来一定的压迫感。此外，过去传统的生活习惯因为居住空间的改变发生了相应的变化，房前屋后没有了多余空间，因此家庭小型的养殖业没有了，自供的蔬菜也不能种植了，一切消费品都需要购买。过去休闲时间就是在房前屋后收拾柴火、种植葱蒜、放养鸡鸭，现在这些活动都不能实现了，休闲时间就只能看电视或者是发呆。

三　社区环境与移民的文化适应水平

当地人对移民的态度，包括对移民的文化习俗和生活习惯的接纳与容忍。如果当地人对来自边远山区的移民及其文化习俗不歧视，自然就能使移民搬迁后比较容易地融入当地社区。马伟华、马伟宁发现在川区安置点，当地人与移民之间的社会互动过程中，当地人的地域优越感不断地在一些场合得以彰显。对于当地人而言，移民仍然代表着贫穷、落后。[①] 笔者在访谈和调查中发现类似的现象在城中村地区不是很大的问题。访谈发现，当地人对待禾润村移民有"他们"和"我们"之分，这可以看出当地人对移民有一定的距离感。但是像马伟华、马伟宁发现的那种严重歧视现象在禾润村并不存在。当地人是能够接受移民的，并且在最初这些移民搬迁到这里的时候，给予了他们善意的帮助。另

---

① 马伟华、马伟宁：《从社会人类学的视角阐释宁夏吊庄移民中出现的偏见与歧视现象》，《西北人口》2010 年第 6 期。

外，社区治安状况直接关系到移民的安居乐业，良好的社区治理能够有效保障移民的生活安全，同时也有助于移民更快地适应安置点的日常生活。

四　政府政策与移民的文化适应水平

最低生活保障和政府关心程度对移民的文化适应水平具有显著的影响。就最低生活保障来看，无论是哪一种搬迁方式，移民搬迁后的生活方式都发生了很大的变化，特别是过去那种家庭小规模的种植和养殖条件不再存在，家庭支出大幅度增加。最低生活保障可以在一定程度上缓解移民由生活环境改变导致的生活方式变化带来的生存压力，从而自然地缓解了移民生活方式变化带来的文化适应问题。政府关注的范围广泛，特别是在移民搬迁后，政府在保护和传承移民文化方面做出了巨大努力。这些努力不仅在客观上对移民传统文化的保护起到了关键作用，而且在主观上缓解了移民搬迁后所面临的文化适应问题。

禾润村移民在文化适应方面表现出较高的水平，总的来说，禾润村移民原先的居住地与新安置点的文化差异显著。移民在搬迁之后，居住习惯和休闲活动方面发生了显著变化，文化适应问题主要体现在这两个方面。文化适应在易地扶贫搬迁过程中，受到了民族特性、迁移时期、安置方式、当地居民的反应以及社区安全、社会保障体系和政府关注程度等多方面因素的影响，这些因素从不同的角度和层面，对文化适应产生了不同程度和方向的作用。

城市里有大量现代性因素，这些现代性因素对人们的生活文化必然会产生重要的影响。城市里的规范、制度、生活习俗等方面的差异，使得进入城市的移民必须积极地调适自身的文化以使自己能够逐渐地融入城市。就政府的角度而言，在移民的文化适应策略方面，政府应该重视文化差异问题，尽量化解由文化差异造成的文化冲突，创造良好的外部环境，如此才能使移民的文化适应有可靠的基础。例如，重建移民的精神家园，帮助他们缓解由文化不适应带来的震荡和心理压力，以增强移民的文化适应能力。同时，采取各种办法大力发展民族文化，加强对移民文化的尊重和建设。例如，为少数民族移民的民族文化活动提供专门场地，多组织不同民族的文化活动，如此移民的文化才能得到传承，对移民的文化适应才有促进作用。

第五章　禾润村移民社会适应的主要问题及其对策

　　解决易地扶贫搬迁带来的社会适应问题，除了移民一方主动改变生产方式、生活习惯、文化风俗和社会关系之外，政府因地制宜的帮扶政策起着重要的作用。对于移民而言，封闭、贫困和文盲率带来的先天弱势，使得移民应对新环境、新工作、新文化的能力相对不足。因此，那种一迁了之、放任不管的态度是要不得的，政府必须全面介入，不仅要管安置，也要管融入；不仅要管输血，也要管造血。具体来说，政府应制定详细的帮扶计划，针对不同家庭、不同个体的实际情况，提供个性化的帮助。比如，对于那些缺乏劳动技能的移民，政府可以组织职业技能培训，帮助他们掌握一技之长，提升就业能力。同时，积极搭建就业平台，引导移民参与社区建设、公共服务等领域的工作，拓展他们的收入来源。此外，政府还应加强对移民子女的教育支持，确保他们能够享受到与城市孩子同等的教育资源，打破贫困代际传递的恶性循环。通过这些具体的帮扶措施，政府可以帮助移民更好地融入城市生活，实现社会适应水平的全面提升。

第一节 禾润村移民社会适应的主要成就

禾润村移民在社会适应方面展现出了较为积极的态势，这不仅体现了国家政策的正确性，同时验证了政策实施效果的显著性。其成效主要表现在以下几个方面。

一 居住环境得到很大改善

禾润村距离市区 20 公里，车程 15 分钟，交通便捷。总规划面积 1672 亩，其中安置区 334 亩，建有平房住宅 345 套、3.2 万平方米，人均套内面积 18 平方米。户均宅基地院落面积 0.4 亩，有的在院内下挖扩大了房屋面积。同步配套建设了便民服务中心、幼儿园、小学、污水处理站及垃圾转运站等公共设施；水、电、天然气、壁挂炉、宽带、有线电视、太阳能热水器等设施一应俱全。统一进行了简单装修，基本上实现了拎包入住。

二 公共服务水平得到提升

禾润村新建爱心幼儿园，共有 15 名老师、193 名学生，2020年由私立幼儿园转为公立幼儿园。改扩建禾润爱心小学，距离禾润村 2 公里。初中生就读镇里的中学，距村 7~8 公里，有校车免费接送。村卫生室配备 6 名医务人员，其中 1 名是镇卫生院派驻的村医，全部医疗人员的工资均由镇卫生院负责。村民在村里看病能按照规定报销。低保户、残疾人、五保户等均能享受相应的待遇。此外，禾润村还积极推动数字化建设，利用互联网平台为村民提供便捷的政务服务、信息查询和健康咨询等服务，进一步增强了村民的生活便利性和幸福感。通过这些举措，禾润村的公共服务体系得到了全面优化，为村民创造了更加宜居、宜业的生活环境。

三　村庄治理得到加强

新建党群活动服务站 1200 平方米，其中包括党建工作室、多功能会议室、图书室、便民服务站等基础设施。2022 年，全村有党员22 人，平均年龄 47.1 岁。村两委配有 7 名工作人员，其中由大学生村官担任村党支部书记、市里派驻村第一书记和驻村干部。将安置区划分为 5 区 9 格 27 巷，由村班子领导担任分区长，干部担任网格员，党员、村民代表担任巷道长。村警务室配有 1 名驻村警察。同时以村中小学生为主的晨曦志愿者服务队、以老党员为主的村文明督导队开展日常巡查。该村 2019 年荣获全国乡村治理示范村称号。为了进一步提升村庄治理水平，禾润村积极推进"互联网+村务"模式，利用现代信息技术手段，实现村务管理的信息化和智能化。通过建立村务管理平台，村民可以随时查看村里的各项事务，包括财务状况、项目进展、政策宣传等，大大提高了村务的透明度和村民的参与度。此外，禾润村注重培养村民的自治能力和民主意识，定期组织村民大会和村民代表大会，就村里的重大事项进行讨论和决策。村民可以充分表达自己的意见和建议，共同参与到村庄的建设和管理中来。在村庄治理得到加强的同时，禾润村还积极推动产业发展和就业创业，为村民提供了更多的增收渠道和发展机会。通过发展特色产业、引进龙头企业、加强技能培训等措施，禾润村的经济发展势头强劲，村民的生活水平得到了显著提升。

四　产业发展初显成效

对全村 1338 亩土地进行统一规划、集体流转，建设了两个园区。一是生态园区，由引进企业统一经营，位于村的北侧，面积1000亩，年租金为每亩600元。园区实行集现代农业、休闲旅游、田园社区于一体的田园综合体模式，带动禾润村的30名村民稳定就业，用工高峰期有80余人，并拉动民俗街农产品销售、休闲采摘、民宿、农家饭等消费。二是设施农业产业园区，由当地农民自主承包经营。占地280亩，政府投入2300万元，分三期建成农业大棚100栋，种植吊瓜、西红柿、黄瓜等，采取"线上＋线下"联动的方式销往城区。2020年园区累计产出各类无公害蔬菜、水果超过200万斤，实现产值260万元，棚均收入达到2万元。通过种植实现稳定就业124人，带动间接就业3000余人次。

五　就业创业向好发展

全村共有劳动力664人，其中76人于两个园区从事农业相关工作，大约占总劳动力的11%；302人投身于建筑业，占比约45%；105人在当地餐厅、保安行业及工厂就业，占比约16%；34人选择到省外工作，占比约5%；17人从事公益性岗位，主要为建档立卡贫困户，占比约2.5%。2019年，72户建档立卡贫困家庭申请了贴息贷款，总额达到435万元，其中40户经营设施农业产业园区。

六　村集体经济从无到有

成立禾润村村集体经济合作社，整合集体土地1338亩、资产1755万余元，完成股权量化。村集体经济净收益由"零收入"提高到2019年的21.94万元。村集体收入来源有两个。一是捐赠收入和利息收入。生态园区建设的前三年，引进的企业每年向村集体捐赠10万元。禾润村刚搬迁过来属于空壳村，政府向村提供资产收益性资金 410 万元，投资给园区主体，年利息为 8%。2020 年因疫情原因企业给予村 6% 的利息。二是租金收入。依托设施农业产业园区租赁收入，实现村集体年收入 51.17 万元。村集体建设了民俗特色展示街，7 间商铺年租金为 3 万元。村集体经济合作社积极探索多元化的发展路径，利用禾润村的地理优势和民族特色，发展乡村旅游和农家乐项目。通过引进外部投资和技术支持，村集体经济合作社成功打造了一批具有回族文化特色的民宿和餐饮店，吸引了大量游客前来体验。这不仅为村集体带来了可观的经济收入，也促进了禾润村与外界的文化交流和互动。此外，村集体经济合作社注重提升村民的参与度和获得感。村集体经济合作社定期组织村民参与乡村旅游和农业生产的培训活动，提高他们的专业技能和服务水平。同时，村集体经济合作社还积极吸纳村民参与村集体经济的经营和管理，让他们成为村集体经济发展的参与者和受益者。

随着村集体经济的不断发展壮大，禾润村的基础设施和公共服务得到了进一步完善。村集体经济合作社利用集体经济收益，投资修建了道路、桥梁、供水等基础设施，改善了村民的生产生活条件。同时，村集体经济合作社还积极支持村里的教育、医疗、文化等事业发展，为村民提供更加便捷、优质的服务。

七　村民收入不断提高

移民的收入来源主要可以分为四个部分。第一，土地流转收入是他们重要的经济来源之一。每个人平均拥有 1 亩土地，每年通过土地流转可以获得 600 元，这个流转费用每三年调整一次，并且有增长的趋势。第二，务工收入是移民收入的一个重要组成部分。根据统计，平均每个人的月工资大约为 2100 元，而村里提供的公益性岗位的月工资为 1080 元。第三，创业收入为移民带来了新的经济活力。生态园区的建设和发展带动了移民开展各种经营活动，比如回族餐饮、手工艺品制作、小百货销售以及文艺表演等，这些经营活动为他们带来了可观的收入。第四，分红和奖励收入是移民收入的一个方面。例如，在 2020 年 6 月 24 日，有 136 户建档立卡贫困户首次享受到了分红。对于那些赡养年满 60 周岁老年人的家庭，每户分配到了 500 元的分红保障资金。而对于其他 82 户，每户则分配到了 300 元。禾润村还特别制定了针对大棚种植、就业创业"脱贫示范户"、"最美禾润村人"、"移风易俗文明户"以及参军入伍等的奖励政策。数据显示，移民的人均可支配收入从搬迁前的 2017 年的 2802 元，显著提高到了 2019 年的 8930 元，年均增长率达到 78.5%。同时，贫困发生率显著下降，从原来的 44.6% 降低到了后来的 0。此外，村里大约有 40% 的农户购买了私家车，这反映了移民群众生活水平的提高。

第二节 禾润村移民社会适应存在的主要问题

易地扶贫搬迁不仅是一项社区再造和重建工程，更是一项人口分布格局调整、资源环境改善、经济社会重新调整与完善的系统工程，不仅涉及安置住房、基础设施和公共服务设施，更涉及移民就业创业、社区管理、文化传承等诸多方面。伴随着大规模移民从生存条件恶劣的偏远乡村搬迁到"近水、沿路、靠城"的安置区，他们的生产生活环境发生了巨大变化，面临的社会融入问题日益凸显，亟待破解。

一 劳动力文化程度偏低，学习动力不强

在禾润村劳动力受教育程度结构中，小学、文盲占比 54.8%。

在年龄结构中，45%的文盲或半文盲为"70后、80后"。尽管镇政府开展了15期家政服务、育婴师等专业技能培训，村里开展了三次识字班，但由于照看孩子、务工等原因，仅有5%的劳动力参加过劳动技能培训，"70后、80后"主要从事的是建筑、绿化等行业的体力活。

由于受教育水平有限，移民往往难以掌握新技术和新知识，这在一定程度上限制了他们的发展空间。同时，由于长期生活在相对封闭的环境中，他们的思维方式和行为习惯相对固定，对于新的生产方式和生活模式接受度不高，缺乏主动学习和改变的动力。这不仅影响了他们的个人发展，也对禾润村的整体社会适应进程造成了阻碍。因此，如何提高禾润村劳动力的文化素质并激发其学习动力，成为一个亟待解决的问题。

二　存在一定的结构性失业问题

禾润村移民搬迁前主要从事牛羊养殖业，搬迁后，受搬迁地水源地环保限制，只能从事种植业。同时当地土地碱性较大，增加了种植经济作物的难度，这给农民职业转换带来了很大挑战。调研发现，由于照顾家庭、文化程度偏低等原因，约有20%的劳动力尚未就业。在冬季农闲和建筑工地停工时期，大多数农民只能赋闲在家。在迁移之前，移民们所从事的工作与迁移后可获得的工作岗位之间存在不协调。举例来说，部分移民在迁移前从事农业或传统养殖业，但迁移后由于地理环境和产业构造的变化，这些传统职业的机会已不复存在。新的工作机会可能需要不同的技能或知识，但移民们由于受教育水平有限或缺少相应的培训，难以快速适应这些新职业的需求。这种职业转换的挑战是结构性失业问题的关键因素之一。为了解决这一难题，政府和社会必须携手合作，提供更多的职业技能培训和就业指导服务，以帮助移民提高就业技能水平，促进其更好地融入社会。

三　村民社保意识不强

2020 年当地城乡居民基本医疗保险个人缴费标准为每人 280 元，建档立卡贫困户每人补助 250 元，个人缴费 30 元，非贫困户全部自付。一些非贫困户存在侥幸心理，不愿意自付缴费，导致全村医疗保险参保率仅为 78.9%，增加了因病致贫风险。年龄在 16~59 岁（不含在校生）参加城乡居民基本养老保险的，每年最低缴纳 100 元，建档立卡贫困户由财政补助代缴，非贫困户需要全部自付，全村 2021 年养老保险参保率仅为 49.6%。这不仅影响了移民个人的生活质量和健康保障，也增加了整个社区的管理难度和潜在的社会风险。为了增强村民的社保意识，政府和社会各界需要共同努力。一方面，政府可以通过加大宣传力度，增进移民对社保政策的认识和理解，让他们明白参加社保的重要性和必要性。另一方面，可以通过提供便捷的缴费渠道和优质的服务，降低移民参保的门槛和难度，增强他们的参保意愿和积极性。同时，社区也可以组织各种形式的社保宣传活动，如讲座、义诊、咨询等，让移民更加直观地了解社保政策和待遇，从而激发他们的参保热情。

四　村集体经济经营不善

搬迁之初，村投资 50 万元与一家民族服饰公司合作，在设施农业产业园区东南角建设占地 5 亩、建筑面积约 3500 平方米的"扶贫工厂"，主要针对移民妇女开展民族服饰加工制作培训和生产。由于经营不善，公司于 2018 年 11 月被迫关闭。2021 年，村集体的空闲房屋尚未得到充分利用。

针对村集体经济经营不善的问题，必须采取切实有效的措施加以解决。首先，应该加强对集体资产的监管，建立健全资产管理制度，确保资产的保值增值。同时，加强对村干部和财务人员的培训，增强他们的财务管理能力和法律意识，防止集体资产被挪用或滥用。其次，积极探索集体资产的有效利用途径。可以考虑将空闲房屋出租给有需要的村民或企业，增加村集体收入。同时，结合禾润村的实际情况，发展适合当地的特色产业，如乡村旅游、农产品加工等，通过产业带动村集体经济的发展。最后，还应该加强对村民的宣传教育，增强他们的集体意识和参与意识，让村民了解集体资产的重要性，积极参与到集体资产的管理和利用中来，形成共谋发展、共同富裕的良好氛围。

第三节　禾润村移民社会适应问题的解决对策

移民在社会适应过程中面临诸多挑战，政府、社区、社会各界以及移民自身必须携手制定政策、采取行动，以克服他们在社会融入方面的难题，确保他们能够迅速在新安置地"扎根生长"。对于移民而言，社会适应问题始终是易地扶贫搬迁工作的核心议题，在本节中，笔者提出了一系列政策建议，旨在帮助移民更好地融入新环境。

一　综合考虑各方面条件，完善移民搬迁方式

2015 年，国家发展改革委等五部委联合发布《"十三五"时期易地扶贫搬迁工作方案》，提出"将居住在深山、石山、高寒、荒漠化、地方病多发等生存环境差、不具备发展条件以及生存环境脆弱、限制或禁止开发区的农村建档立卡贫困人口作为扶贫移民的主

要对象"。因此，从移民原居住地环境来看，大体可分为原居住地环境恶劣、资源匮乏区域，地方病多发区域和禁止开发区域三种。在现行相关移民政策中有关于易地扶贫搬迁范围的类似规定。政府部门在移民搬迁过程中，必须坚持自愿原则，不能为了完成搬迁任务而过度地劝导贫困村民而使其违背真实的意愿搬迁。实践中，移民搬迁不完全是他们自己理性选择的结果。

老龄人口的适应能力比较弱，而且故土难离情结严重。调查中，有些老人在城里住不习惯，还担心将来不能安葬在老家。因此，对于环境恶劣程度较低的区域，应选择部分搬迁的方式。同时，在搬迁过程中，需要根据居民的适应能力安排搬迁顺序和选择搬迁方式。比如，首先搬迁有较强社会适应能力的中青年移民家庭，然后搬迁中老年移民家庭。这种搬迁方式把适应能力较强的移民迁移出去，把暂时不适应搬迁的居民留下来，并通过适当的机制，使这部分居民改善生产生活条件。最后，从长期着眼，年轻人迁出、部分老年人留下，在人口的自然新陈代谢中最终实现居民的整体搬迁。

调查表明，搬迁距离越远，移民的社会适应状况越差。原因在于许多移民在搬迁后大多仍然在原居住地坚持农业生产，而搬迁距离越远从事农业生产的便利性越弱，移民的农业生产收入降低得越多。同时搬迁距离越远，在社会交往方面受到的影响越大，原有的社会支持减少得越多。因此，从这个角度来看。在易地扶贫搬迁过程中需要就近搬迁，但并不是搬迁距离越近越好，需要综合更多的因素来考虑。比如搬迁距离越近，可能在发展环境上改变越小，但非农机会的增加也越有限，长期来看并不有利。另外，安置点城镇化程度越高，移民的社会适应状况越差；安置点城镇化程度越高，移民与原居住地生活方式的差异越大，日常生活适应和社会交往适应就越难。安置点的城镇化程度越高，移民的日常生活开支越大。

二　保障移民合法权益，促进移民社区融入

保障移民合法权益是促进移民社会适应的基础。移民的政治参与权包括政治选举权，社区重要事项的参与决策权、监督权、申诉权等。移民通过政治参与表达利益诉求，对关系自身利益的决策施加影响。通过政治参与，移民有机会与安置点当地的其他群众进行沟通，获得理解与支持，这样做有助于协调各类社会关系。政治参与有助于移民从心理层面融入所在社区，获得社区归属感。调查发现，移民的政治参与意识不强，要保障移民的政治参与权，需要政府在加强移民社区管理的过程中，从制度、组织、文化等层面着手建立移民政治参与的有效渠道机制。为了保障移民的合法权益，禾润村积极采取措施，确保移民在政治、经济、社会等方面的权益得到有效维护。首先，加强移民的政治参与，鼓励移民积极参与社区事务，提高移民在社区治理中的话语权和影响力。通过定期召开村民大会、座谈会等，让移民了解社区发展的规划和决策过程，充分听取他们的意见和建议，使移民真正成为社区治理的主体。其次，完善移民的经济权益保障机制。在土地流转、就业创业、产业发展等方面，给予移民优先权和政策扶持，确保他们能够享受到与当地居民同等的待遇和机会。再次，加强对移民的技能培训，提高他们的就业能力和创业水平，帮助他们实现稳定增收。最后，应注重促进移民的社会融入。通过组织各类文化、体育活动，搭建移民与当地居民之间的交流平台，增进彼此之间的了解和友谊。同时，加强对移民的宣传教育，引导他们树立正确的价值观和生活观，增强他们的社会责任感和归属感。通过这些措施的实施，禾润村移民的合法权益得到了有效保障，社区融入程度不断提高，为移民的社会适

应奠定了坚实的基础。

三 加强就业保障，完善移民帮扶措施

完善就业服务，提升移民就业能力。移民职业培训存在随意性，缺乏普遍性。原因在于没有建立起完备的培训制度，包括培训经费供给制度、培训组织协调制度、培训绩效评估制度，需要通过完善制度供给，促进移民培训的常态化。调查发现，一些适合灵活就业的职业技能培训，受到了移民的欢迎，比如家政服务培训、保姆培训、厨艺培训和建筑业的砌砖技术、外墙清洗技能、室内装修等。这些培训内容符合市场需要，门槛较低，移民容易掌握，能直接解决就业问题。那么，针对文化程度较高的年轻移民的技术培训，以及针对愿意从事农业生产的技术、技能培训，这些培训内容，移民也是非常欢迎的。移民职业培训的形式需要不断创新，既可以请专家讲课，也可以在工厂或者相关生产基地实训，还可以利用职业院校的资源进行学习与训练。灵活多样的培训形式，能切实改善职业培训的效果。对于就业环境，首先应该建立移民与用人单位的联系制度，为移民提供就业信息服务，使移民了解用人单位的情况以及岗位需求的信息；其次为移民提供就业创业政策优惠，包括为雇用移民的企业提供适当的补贴，鼓励企业聘用移民，为移民创业提供政策优惠。

四 引入社会工作，以专业化服务提升移民的社会适应能力

要很好地解决移民的社会适应问题，只靠政府是不够的，还需要广泛社会力量的参与。引入专业社会工作与专业社会工作的理念和方法，为移民提供更具有个性化的服务。社会工作者在充分地了

解移民的需求以及企业用工需求的基础上，可以通过链接相关资源，如用工企业、培训机构以及爱心人士等，对移民进行常态化、个性化的培训。同时，社会工作者作为资源链接者，可以挖掘有助于移民职业能力成长的各种资源，协调企业、政府、社会组织等各方行动，共同推动移民职业能力成长。在移民的职业培训中，社会工作者可以通过研究与行动，解决职业技能培训的供需矛盾，协调政府、培训机构与移民的关系。移民社区缺乏传统，移民之间也缺乏联系，需要社会工作者的外力推动，形成良好的社区文化，促进移民社区居民之间的相互联系与支持。社会工作者可以协调组织集体活动，加强移民社区内居民之间的联系，促进彼此的了解与信任，激发移民对公共事务的参与热情与行动能力；还可以协助移民建立自助互助组织，如移民互助小组、兴趣小组等，通过小组活动，增强移民的自我认同感和归属感，促进他们之间的互助与合作。此外，社会工作者还可以提供心理疏导和支持，帮助移民缓解因搬迁而产生的焦虑、孤独等负面情绪，增强他们的心理适应能力。通过引入社会工作，以专业化服务提升移民的社会适应能力，可以更有效地解决移民在社会适应过程中面临的问题，促进他们的全面发展和社会融入。

第六章 禾润村移民社会适应问题的 社区治理

  移民是一个复杂的过程，它主要可以分为两个阶段：搬迁阶段和定居阶段。在搬迁阶段，首先需要对移民原居住地的资源环境和贫困程度进行详尽的评估，以便了解移民所面临的实际情况。接下来，需要寻找一个适合的安置点，这个安置点必须能够满足移民的基本生活需求和未来发展需求。找到合适的安置点之后，接下来的工作就是置换安置点建设所需的土地，并且进行周密的规划和建设工作，确保新的居住环境能够满足移民的基本生活需求和安全需求。在这一系列准备工作完成后，组织移民搬迁的工作就显得尤为重要，这需要精心地策划和组织，以确保搬迁过程的顺利进行。在这一阶段，地方政府扮演着主要和关键的角色，它们负责协调和管理整个搬迁过程，确保移民能够顺利地从原居住地搬迁到新的安置点。

  定居阶段则更加注重移民的生存和发展。移民在新的社区环境中需要时间去熟悉和适应，这包括了解社区的文化、习俗以及社会规则等。适应新环境之后，移民需要寻找新的生计方式，这可能涉及就业、创业或其他形式的经济活动。此外，建立新的社会关系网络对于移民来说至关重要，这有助于他们在新的社区中获得支持和帮助，从而更好地融入社区。实现安居乐业是定居阶段的最终目

标，这意味着移民不仅要在物质上获得满足，还要在精神上感到幸
福和安定。在这一阶段，社区扮演着主要角色，它是衔接政府政策
的接口，是联结官方资源与移民需求的空间。政府的很多政策措施
通过社区得以实施和落实，社区工作人员在帮助移民融入新环境、
提供必要的支持和帮助方面发挥着不可替代的作用。

移民社区治理是指对移民社区进行的建设与管理活动，它涵盖
对移民群体的管理与服务工作。在移民社区治理的过程中，需要特
别关注移民的生计发展，组织丰富的文化活动，加强组织建设，确
保社区治安，有效化解矛盾纠纷，以及鼓励和促进民主参与。这些
方面都是移民社区治理不可或缺的重要内容，它们与移民的社会适
应能力有着直接且紧密的联系。一个运行良好的社区治理机制能够
显著促进移民更好地融入当地社会，增强他们的社会适应性。与此
同时，移民在社会适应方面的表现，也能够反映出社区治理工作的
成效和水平。

第一节　禾润村社区治理状况

一　禾润村移民社区的特征

按照社区特点和社区结构，我国社区可以分为城市社区和农
村社区。城市社区是理性的陌生社会，有较为完整的社区服务体
系，并以高楼单元为建筑特征。农村社区是熟人社会，有独特的
行政管理体系，并以分散的独家独户为建筑特征。调研发现，禾
润村的建筑形态和布局仍是联排平房小区，具有较强的农村社区
特性。禾润村移民的安置方式是集中安置，即同一个村的移民会
集中安置在某个安置点。禾润村移民中的绝大部分都因血缘、亲

缘关系而熟悉对方，所以安置社区是典型的熟人社区。安置点位于城郊，具有城乡二重性。一方面，移民社区具有城市社区的社会服务体系；另一方面，它的管理大多采用的是传统的村民委员会自治管理模式。同时禾润村移民社区具有一定的城市社区特征，例如城市生活方式、城市休闲方式，造成禾润村移民社区的城乡二重性。

从时间上看，移民社区大多属于新建小区，历史短。禾润村搬迁时间只有五年，与一般具有几十年甚至百年以上历史的移民村比起来，这些安置点社区都属于新型社区，缺乏传统社区中的一些社会关系，包括社区组织和人际关系都需要重建。所有涉及社区治理的要素，包括主体和客体，以及相互关系、相互规则都处于变动、界定和构建之中。

村规民约作为一种村民自我决议的非正式制度，在乡村治理中发挥着一定作用。村规民约是建立在乡风民俗基础上，由村民共同商议、决议并共同认可、遵守的社会规范和约束机制。它具有灵活性的特点，即随着村庄具体环境或制度的变化，村民可以根据实际情况重新商议、修改村规民约，废止不符合村庄现状的旧规定。

禾润村村规民约

咱们村，是宝地，民风美，人称奇，建设好，新农村，本条约，需牢记：爱国家，爱集体，跟党走，志不移；讲和谐，创业绩，谋发展，同受益；勤读书，多学习，重科学，守法律；立新风，树正气，不赌博，禁恶习；电与火，要警惕，搞治安，人心齐；搞建筑，经审批，远规划，莫犯纪；爱公物，胜自己，莫损坏，多爱惜；公益事，要积极，讲贡献，不贪利；好青年，勇服役，戍边疆，保社稷；倡晚婚，讲优育，生二孩，有福气；娶儿媳，嫁闺女，破旧俗，创新意；丧事简，不挑别，要火化，省土地；敬老人，尊伦理，爱儿童，细教习；睦邻里，重情义，互帮助，如兄弟；讲文明，行礼义，宽他人，严自己；讲卫生，美环境，护生态，保长利；倒垃圾，不随意，砖瓦柴，摆整齐；此条约，大家立，执行好，都受益；两文明，不分离，求发展，齐努力。

因为禾润村移民在搬迁前长期居住在山区，环境相对闭塞，初搬至安置点，对新的生活习惯、社会秩序、文明风尚、行为约束等均缺乏了解，村民自我管理、自我教育、自我服务缺乏规范引导，居住环境、生活条件虽然改善明显，但行为习惯仍停留在原点。禾润村村规民约从法律、行为、道德、习俗等方面做出正确引导，对于规范村民言行、养成良好生活习惯、强化群众规则认识、激发村民自主意识起到了重要引领作用，为打造共建共治共享的社会治理格局，实现政府治理和社会调节、居民自治良性互动打下了良好的群众基础。

1. 涵盖全面，内容规范。充分考虑村庄建设、社会秩序、公共道德、村风民俗、精神文明建设等多方面，不但将村规民约制定与村庄规划、长远发展、村民生活、文明风尚等有机结合，还把党的政策方针、孝道美德、中国梦、社会风俗写入村规民约中，内容全面、规范具体。

2. 朗朗上口，易于传唱。充分征求村民意见，在制定之初确定结合实际、语调押韵、通俗易懂的编写原则，坚持入口为先、入脑为主、入心为本最终目标。充分征求村民意见，适应自身发展的要求，贴近村民的自然需求，保留特色内容，删除空话套话，读来朗朗上口，听来掷地有声，赋予了村规民约应有的生机与活力。

3. 村规有约束，民约有温度。村规民约结合法律法规，顺应经济社会发展要求，符合广大村民意愿，结合乡村振兴、基层社会治理体系和治理能力现代化的要求进行编写。村规民约的编写坚持文明建设始终走在前，在尊重当地特点及村民传统生活习惯基础上提炼分类。

> 我结婚的时候没有高价彩礼、没有大摆筵席，我和丈夫情投意合，不图别的，就只图踏踏实实过日子。结婚的时候，二人没有下馆子摆宴席，也没有举行仪式。5万元的彩礼，全部被带了回来，我用彩礼钱买了肉、菜和酒，在自家院子里摆了四桌席，剩下的钱就盖了两间阳光房。饭菜全是我们自己操持，一点没浪费，我们不讲究那些程序，省吃俭用过日子，以后花钱的地方还多呢，就这样在禾润村安下了家。
>
> （季知浅　女　25岁）

禾润村还积极倡导节俭婚礼，反对高价彩礼和铺张浪费，鼓励移民以实际行动践行新风尚。这不仅减轻了家庭经济负担，也促进了社区内部的和谐与团结。通过这些举措，禾润村逐渐形成了良好的社会风气，增强了移民的归属感和幸福感。同时，社区还注重传承和弘扬优秀传统文化，通过举办文化活动、搭建文化平台等方式，让移民在享受现代文明成果的同时，也能感受到传统文化的魅力和价值，进一步增强了他们的文化自信和身份认同。

二　移民社会服务与社会适应问题

移民社区不同于普通的城乡社区，其常规管理的内容具有特殊性。夏建中指出，社区服务就是为居民提供公共产品，这些公共产品包括物资和非物资两个方面，前者指的是满足社区居民需求的基本设施建设，而后者主要是指社会资本。① 付少平在研究陕南移民社区治理时指出，应该重视移民的公共服务需求，从社区的长远发展进行规划，修建社区卫生院、幼儿园、小学、体育活动场所与设施等。② 王晨蕾指出，移民社区服务还应该重视社区卫生保健、社区安全防护、社区配套设施与绿化维护等内容。③

（一）就业服务需求

通过前文对禾润村移民社区的特征分析可以发现，禾润村移民社区具有一些和一般城市社区不一样的特征与需求，因此社区服务与其他一般城乡社区相比也存在一定的差异。就业服务是移民服务要解决的首要问题。移民在生计方面存在困难，就业需求比较强烈。从需求层次的规律来看，移民的需求主要还在求生存阶段，生计问题最受关注，这也是移民社区治理的特殊性所在。从移民社区的工作来看，在政府的支持下，社区在这方面做了很多工作。政府的就业帮扶有多种形式：一是政府联系企业，给移民提供就业岗位；二是开发社区岗位，如安排城市安保和保洁工作给移民等；三是开展技能培训。

禾润村在移民的生计发展方面采取了一些创新性的措施。一是建设禾润村设施农业园区。于2018年10月动工建设，规划占地425亩，争取各级扶贫资金3000万元，建成各类设施农业大棚100

① 夏建中：《治理理论的特点与社区治理研究》，《黑龙江社会科学》2010年第2期，第6页。
② 付少平：《创新陕南移民社区社会治理的探讨》，《新西部》（理论）2014年第21期，第2页。
③ 王晨蕾：《彭山区农村跨区域征迁移民集中安置社区治理对策研究》，硕士学位论文，西安交通大学，2018。

栋，合作社自建农业大棚 13 栋。自 2019 年一期建成投入生产以来，累计带动 70 户村民入园种植，年生产各类农产品 260 万斤，产值 520 万元。累计有 70 户村民承包种植温棚 80 栋，移民通过承包大棚实现年增收 2 万元，通过在园区务工实现年增收 1.5 万元。二是建设扶贫产业园区。总占地 1050 亩，2019 年引进企业投资建设，总投资 1.6 亿元，建成三代日光温室 71 栋，占地 2000 平方米农产品展示中心 1 个。2020 年 5 月 1 日园区开园营业以来，年带动用工 1.2 万人次，增加劳务及经营收入 140 万元。产业园年带动当地村民务工 1.2 万人次，人均工资收入 1 万元；带动长期稳定就业 14 人，其中餐饮服务 5 人，农业种植 9 人。三是"宿集"项目建成后，与"民俗特色展示街"、手工坊、产业园融为一体，为移民提供就近就业岗位。以"旅游创业型社区"开创移民致富提升新模式，探索共同富裕的崭新路径。立足于整个禾润村的产业规划和建设，"宿集"从 21 个闲置农家小院入手，以"文旅+"的思路对原有民居进行改造和建设，引入民宿、咖啡厅、餐厅、萌宠乐园、露营等业态，定位为"城市微度假目的地"。

总之，政府在移民生计发展方面采取了一些创新性的措施，但是这些措施的效果都是有限的。一方面，农业园区对移民的就业吸纳能力非常有限；另一方面，移民或者不能胜任那些技术要求较高的工作，或者嫌工资太低，没有充分利用好这些就业资源。政府实施了大量的技术培训项目，希望通过提升移民的就业能力来促进其就业。但是调查发现，参加过技术培训的移民数量比较少，参加过多次培训的移民数量就更少了。

（二）社区文化互动的需求

社区文化活动一方面能够愉悦身心，丰富居民休闲生活；另一方面，集体性的社区文化活动可以增强社区凝聚力，增强居民的社区归属感。对于移民来说，社区层面的文化活动可以消除社区陌生感，消除隔阂，促进交往，培育当地的社会资本。因此，移民社区的文化活动应当是移民社区治理非常重要的内容之一。禾润村移民社区比较重视少数民族文化的传承，因此，常常举办一些带有民族文化特色的社区文化活动，受到了移民的欢迎。依托各种节日，尤其是中华民族传统节日，通过多种多样的活动，展现移民活力风采，带动乡风文明有序推进，弘扬中华优秀传统文化，形成各民族同呼吸、共命运、心连心的强大精神纽带。组织青少年群体定期走访慰问留守困难老人，让移民老年人切身感受到党和国家的温暖，在丰富青少年的业余生活的同时，培养"尊老爱老敬老"的新一代，让青少年学会感恩、懂得感恩，从小培养对社会的责任感。组织"强国少儿"志愿服务队，广泛开展志愿服务活动累计 200 余次，持续推进乡风文明建设。同时，在少儿心中种下共建和谐之家的种子。每年开展的"最美庭院"评比活动，充分调动移民群众参与和争先创优的积极性，累计评比美丽庭院 100 余户。配套人均 22 平方米的住房，配套城市社区建设标准的基础设施和公共服务设施，后续累计投入 100 万元用于环境整治、道路建设、污水处理等一批民生工程项目建设，居民的生活条件得到了极大改善。全村医疗保险缴费率平均达 80%，养老保险缴费率达 100%。在农业种植方面，带动 100 户次农户参与大棚种植，累计发放种苗补贴 8 万余元。在就业方面，有劳动力的居民实现全部就业，累计发放就业补贴 35 万余元，移民群众的获得感、自豪感不断增强。

禾润村提供的就业帮助对移民的就业有一定的促进作用，这虽然在一定程度上缓解了移民的生计困难，但是仍有很大的改善空间。在社区文化活动方面，总体上，凝聚移民力量、丰富移民生活的文化活动丰富多样。

三 移民对社区治理的满意度

移民对社区治理的满意状况可以反映社区治理的水平。笔者从移民对住房的满意度、移民对社区生活条件的满意度以及移民对政府管理的满意度三个方面进行分析。在移民对住房的满意度方面，搬迁后第一步就是需要搬家，住房对移民是最基础的需要。移民的住房建设既是政府推进移民搬迁工程的主要手段，也是移民在新居住地安居重点关注的内容。

禾润村移民的住房是由政府统一建设的，按照户均4分宅基地和人均住房介于15~25平方米标准新建安置房屋，共设计建设"1人户"至"9人户"9种不同户型住宅，最大限度地满足不同家庭人数的住房需求。但是由于移民群众适龄婚配、自然生育、亲戚投靠等客观原因，截至2021年12月，禾润村常住人口达到了1501人（户籍人口1457，非户籍常住人口44人），比搬迁时多了163人。调查发现，院内搭建彩钢棚、新建房屋等建筑物（构筑物）的有184户，占调查户数的69.7%，其中用于居住的房屋74户，占搭建构筑物户数的40.2%。其他搭建的全部为彩钢棚，主要用于停放车辆及堆放杂物。

移民住房质量问题与日常生活紧密相连，不仅严重影响移民对安置点的适应程度，若处理不当，还极易引发焦虑、无助等负面情绪，降低其在安置点的生活获得感。因此，需从社区长远发展着眼，加大对移民住房的政策支持力度，助力移民安居乐业。在不破坏禾润村建筑整体风格的前提下，结合入户调查数据，本研究提出如下建议。

（一）住房需求认定

1. 搬迁时因部分共同生活成员户口不在搬迁村，致使所建房屋面积无法满足常住人口需求；或搬迁后因结婚生子，产生增加居住面积需求的情况。

2. 家中儿子已过法定结婚年龄，近5年内可能结婚，存在住房刚需。

3. 根据对新建居住型房屋户型的分析，刚性住房需求主要集中在3~5人户。若家庭常住人口增加，导致人均住房面积少于18平方米，或因儿子结婚出现多人多代共同居住而产生实际住房需求的，可申请新建房屋。

（二）建房限制条件

1. 1人户因无产权，不得在院内新增房屋。

2. 6~9人户现有房屋面积较大，能够满足住房需求，无需新建。

3. 搬迁时正房已全部建成，按照规定，不得在院内新增高于院墙的东向或西向建筑，因此禁止在院内正房前方新建房屋，确保禾润村整体建筑风貌不受影响。

（三）房屋翻建规定

对于达不到抗震设防标准且有翻建改造需求的房屋，鼓励农户在原址就地翻建。翻建过程需严格遵循抗震宜居房相关技术标准，确保房屋质量达标，同时保证房屋风格、颜色与全村整体风貌一致，符合村庄整体规划要求。

（四）特色经营用房建设规划

针对有建设农家乐、民宿需求的农户，其新建、翻建工程需紧密结合村庄整体规划、绿化布局以及管网建设进行。由镇政府制定连片经营方案，实施统一规划、集中打造，推动特色产业规模化、品质化发展，助力乡村经济水平与居住环境水平协同提升。

绝大多数移民对社区生活条件表示满意，调查结果显示，表示不满意的移民比例仅为 9.7%。相较于移民搬迁前的生活条件，搬迁到新小区后，在教育设施、医疗服务、交通便利性等方面，移民们明显感受到了更多的方便和舒适。例如，孩子们上学的路程缩短了，就医变得更加容易了，出行也更加便捷了。然而，当我们将这些方面与其他城镇社区进行比较时，我们仍然可以发现，差距还是相当大的。生活条件的进一步改善，依然是移民社区治理中一个重要的内容和目标。对于社区生活条件，移民们感到满意的方面主要包括出行的便利、孩子上学的方便以及就医的便捷等。从调查结果来看，移民对社区生活环境总体上是比较满意的，这种高满意度说明移民搬迁工程在改善移民生活环境方面取得了明显的成效。从社区治理的角度来看，移民社区生活环境的改善得到了移民们的认可。但是我们应当意识到，移民的满意度主要是建立在与搬迁前相比较的基础上。这表明，尽管已经取得了进步，但社区治理和生活条件的改善仍然需要持续的努力。

居委会作为基层自治组织，在我们的日常生活中扮演着不可或缺的重要角色。它们不仅是社区居民日常生活中的直接管理者，而且在维护社区秩序、促进邻里和谐等方面发挥着关键作用。然而，在居民的实际感受中，居委会往往被视为基层政府的一个分支，承担着一定的行政职能。基于这种现象，笔者在进行社区管理满意度的调查时，将移民对政府的满意度纳入了考量。

在研究三峡移民的社会适应状况时，社会学家风笑天指出，移民所感知到的政府关心程度，对他们的社会适应水平有着显著的影响。[①] 移民所感受到的政府关系，实际上反映了政府在为移民提供实际帮助方面的努力和成效。政府通过为移民创造更优越的生产和生活环境，不仅促进了移民的社会适应，还在心理层面增强了移民的社会归属感。这种心理上的支持和依靠，进一步提升了移民的社会适应水平，使他们能够更好地融入新的社会环境，建立起新的社会联系。

第二节　禾润村社区治理的困境

吴新叶和牛晨光在对移民安置社区的研究中指出，移民在传统农村社区与现代社区之间徘徊，逐渐被边缘化。[②] 周大鸣和陈世明对东莞的一个外来工聚集社区的调查发现，主要来自四川、湖南和河南的外来务工人员大多生活在老乡的社群中，与当地村民的交流很少，即便他们已经在那里居住长达 20 年。这些外来工在社区治理中几乎完全被忽视。[③] 移民社区普遍面临公共活动场所缺乏、生计空间受挤压、社会网络断裂、社区认同感减弱，以及社区治理组织不健全、移民参与度低等问题。这些因素共同导致了移民社区治理的难题，给已经定居的移民带来了职业上的挑战。由于移民群体往往缺乏足够的资源和话语权，他们在社区决策过程中往往处于被动地位，难以有效表达自己的需求和意愿。这不仅加剧了移民与当

[①] 风笑天：《安置方式、人际交往与移民适应——江苏、浙江 343 户三峡农村移民的比较研究》，《社会》2008 年第 2 期。

[②] 吴新叶、牛晨光：《易地扶贫搬迁安置社区的紧张与化解》，《华南农业大学学报》（社会科学版）2018 年第 2 期。

[③] 周大鸣、陈世明：《从乡村到城市：文化转型的视角——以广东东莞虎门为例》，《社会发展研究》2016 年第 2 期，第 16 页。

地居民之间的隔阂，也使得社区治理更加困难。增强移民参与感和他们对社区的归属感，是解决移民社区治理难题的核心。政府及社会各方需进一步加强对移民社区的支援，优化社区治理结构，提高治理效率，营造一个更加和谐和包容的社区氛围。

一 移民的生计困难导致社区治理的困难

对于禾润村移民来说，搬迁之后的生计发展是他们普遍面临的突出问题。搬迁后的移民生计方式较搬迁前有很大的区别。移民来自偏远的农村，搬迁之前大部分移民的生计来源主要是种植收入或者外出打工，居住地完全是农村生活方式，日常生活费用不高，因为蔬菜自种、鸡鸭自养，水和柴火也不用买。搬迁之后，一方面，移民由原来的亦农亦工、农业为主的生计模式转变为非农职业为主的生计模式，但受到安置点人口数量、当地城镇的市场容量和经济水平，以及移民自身的体能和社会资源等方面的限制，转型过程中往往面临诸多困难。不少移民反映在当地就业困难，因为安置点虽然有支柱产业，可以为移民提供可靠的、稳定的职业，但是那些产业为移民提供的工作数量比较有限，所以一部分移民在安置点开始打零工，或者做点小生意。另一方面，虽然移民的生产性支出减少，但是生活性费用大幅度增加。搬迁之后，移民高昂的生活成本使部分移民生活压力增大。这些问题给社区治理工作带来了很大不便。所以，谋生方式的变迁是影响移民融入社区与社区治理的重要因素。此外，移民在技能水平和文化素养上普遍偏低，这进一步限制了他们的就业选择和生计发展。许多移民缺乏适应城市或工业化生产的技能和知识，导致他们在就业市场上处于劣势。同时，由于历史和文化背景的影响，一些移民在融入新的社区环境时存在一定的困难，这进一步加剧了他们的生计困境。

二　移民的市民身份转换之后导致的社区治理困难

为了实现移民社区治理的现代化，深层次地促进移民市民化身份的转换是至关重要的。从客观的角度来看，禾润村在经历易地扶贫搬迁之后，无论是在生活方式上，还是在生计方式上，都已经初步达到了城市化的阶段。然而，通过实地观察我们发现，尽管表面上已经城市化，但绝大多数移民仍然缺乏对市民身份的认同感。在他们的心中，农民的身份依然根深蒂固，这种根深蒂固的农民身份与农业传统在面对城镇现代化文明时，遭遇了所谓的文化震荡。这种断裂式的变迁，使得社会适应的难度变得很大。由于受教育水平和个人能力的限制，很多移民对于社区的管理和活动参与的意愿并不强烈。调查中我们发现，许多移民对于社区工作人员的构成、日常工作内容以及村委会的具体位置都缺乏了解。有些移民甚至表示，在生活中遇到问题时，他们通常会自己解决或者寻求亲戚的帮助。这种身份认同感的缺失，导致移民难以积极主动地参与到社区治理与社区活动中来。然而，社区治理的成功很大程度上取决于居民的主动参与。积极的参与心态和较强的参与主动性，对于社区治理的发展起着至关重要的作用。移民归属感的不足，会在某种程度上削弱社区集体的行动能力，使得一些集体性的社区活动开展起来变得异常困难。

第三节　禾润村社区治理的对策建议

如何应对移民面临的社区治理挑战，帮助移民摆脱困境，并增强其自我管理能力，进而提升移民在社区层面的社会适应能力？笔者建议，可以通过发展社区产业，推动移民市民身份的转变，激发社区内部的活力，并与外部力量合作形成多元化的治理结构，同时促进社会工作在易地扶贫搬迁和移民社区治理中的参与。此外，还应建立移民社区治理的反馈机制。通过定期召开居民大会，收集移民对社区治理的意见和建议，及时解决他们面临的问题。同时，建立社区治理的评估体系，对治理效果进行定期评估，根据评估结果调整治理策略，确保治理工作的持续改进和优化。在推动移民市民身份转变方面，除了文化活动外，还可以通过教育和培训提升移民的职业技能水平和素质，帮助他们更好地适应城市生活。加强政策引导，鼓励移民参与社区公共事务，增强他们的责任感和归属感。总之，移民社区治理是一个复杂而长期的过程，需要政府、社区、移民和社会各界的共同努力。通过上述对策建议，可以逐步解决移民社区治理面临的困境，增强移民的社会适应能力，实现社区的和谐稳定发展。

一　关注移民生计发展，重视社区产业培育

易地扶贫搬迁工程帮助移民彻底地摆脱了恶劣的生存环境，为移民家庭经济发展提供了很大的可能性。安置点经济发展不足，缺乏后续发展的支柱产业，移民生活成本较高，这些因素都是移民生计困难的主要原因。因此，关注移民后续生计发展，重视社区产业培育，应该是社区治理首先要重视的一个任务。例如，尽可能地在政府管理部门、用工企业和移民个体与家庭之间建立政策协调用工、扶持就业的网络联系机制，提供就业机会，促进就业率的提高，开展有针对性的就业培训，真正增强移民的就业能力，特别是要积极地发展社区经济，培育社区特色产业，多渠道、全方位、灵活多样地促进移民生计发展。同时，要鼓励移民自主创业，提供创业指导和资金支持，降低创业门槛和风险。发展社区经济不仅能够

增加移民的收入，还能够增强他们的自信心和归属感，进一步促进移民市民身份的转换。此外，社区应加强对移民的职业技能培训，根据市场需求和移民的实际情况，开设多样化的培训课程，增强移民的就业竞争力，帮助他们更好地融入城市生活。

二　培养移民社区归属感，促进移民市民身份的转换

对移民的社区归属感给予关注，增强移民对社区的认同感与归属感，也是移民社区治理的重要任务，更是促进移民社区治理现代化的重要保障。移民认同社区、认同社区管理者是移民拥有社区归属感的前提条件，归属感强，移民才能积极主动地参与到社区活动和社区治理实践中来，移民社区治理现代化格局才有可能形成。如此，社区可以通过针对移民共同需求构建利益共同体、组织系列社区活动等方式，增强移民的归属感。同时，应当注重培养移民的市民意识，促进移民的市民身份转变。

农村在移民的安置上基本上走的是城镇化道路，但是移民离开农村、离开农业，并不等同于农民市民化，最重要的是让转化为市民的农民在生产方式及理念上真正融入城市文明之中，使他们真正地成为城市市民。推动移民市民身份的转变，核心是人的现代化问题。笔者发现，禾润村的移民基本还处于农民意识和农村习惯很强的状态中，因此关注移民的观念、行为和生活方式等多方面的转变，增强移民作为一个居民对权利和义务的心理认同与理性自觉，是实现移民社区治理的重要任务之一。这要求社区管理者在推动移民市民化的过程中，不仅要关注物质层面的转变，更要注重精神层面的引导和培育。可以通过开展各类城市文明宣传活动，如城市文化讲座、社区公益活动、市民行为规范培训等，帮助移民了解并接受城市的生活方式、价值观念和法律法规，逐步摒弃农村的习惯和

思维定式。同时，鼓励移民积极参与社区事务，增强他们的参与意识和责任感，使他们逐渐融入城市社会，成为真正的城市市民。只有这样，才能实现移民社区治理的现代化，推动社区的和谐稳定发展。

三　充分激发移民社区的内在动力并调动外在资源

移民社区的核心驱动力源自移民本身，必须充分利用他们的主导作用和积极性，而外部资源则主要来源于政府及其制定的政策。明确政府在公共设施建设与公共服务提供方面的责任，是解决移民社区问题、促进搬迁社区可持续长远和谐发展的重要条件。相关政策的制定与实施，需要在重视移民日常活动的基础上，注重激发移民社区的内在动力，加强对移民群体的能力建设与意识增强的重视，不断地改善政策机制。

发挥移民的主体性作用，就是要对移民进行能力建设，让移民成为个人需求与社区公共需求满足的行动主体。从根本上讲，移民的发展需要其自身具有可持续发展的能力，否则脱贫之后还可能很快地返贫。政府的帮扶只能从促进移民能力成长的角度，帮助移民实现自我发展。从社会政策的角度来看，移民能力与意识欠缺是移民社区治理的主观障碍；移民社区在公共设施与公共服务方面的先天不足，则是妨碍移民社区治理的客观因素。政府管理部门一方面作为移民工程的主导者，另一方面作为公共利益的代表，这决定了其在移民社区的公共设施建设与公共服务供给中有着不可替代的责任。易地扶贫搬迁工程"搬得出""稳得住""能致富"的原则或目标中的"搬得出"得到了重视，但"稳得住"和"能致富"，更多地表现为一种宣传规划或者是远景预期。移民在生活方面还没有适应工业化、城镇化和市场化的现代化环境。

因此，在充分激发移民社区的内在动力与调动外在资源时，不仅要注重移民的能力建设，更要确保公共设施与公共服务的完善，以满足移民的基本生活需求。政府管理部门应加大对移民社区的投入力度，优化公共资源配置，提升公共服务水平，让移民能够在新的环境中稳步发展，最终实现致富目标。同时，还应鼓励社会各界积极参与移民社区的治理，形成多元、参与、合作的治理格局，共同推动移民社区的全面发展。

四　构建多元、参与、合作的治理格局

俞可平明确指出，在社区治理的整个过程中，多元主体的积极参与是至关重要的，这一点被广泛认为是社区治理的核心特征。[①]禾润村社区成功地融合了传统农村社区中那种基于熟人网络的特质，同时又融入了现代城市社区的一些特点。这种乡土与现代性的并存为社区治理提供了有利的条件，但也带来了复杂性和挑战。社区治理的成功，很大程度上依赖于政府组织、非政府组织、社区组织以及广大居民之间的团结协作。为了实现社区治理的核心目标，必须积极地培育各类社区组织，支持它们积极地参与帮助社区中的弱势群体。加强政府、社区组织与居民之间的共商共治，建立一个基于移民社区认同和共识的治理体系，充分发挥移民的自主性，形成政府、社区组织与移民之间互补的社区治理结构。通过促进政策动力与内在动力的结合，以及社区问题的解决与移民能力意识的增强，最终实现善治和自治的目标。

为了实现这一目标，首先，需要强化政府组织在社区治理中的引领作用。政府应当制定和执行相关政策，鼓励和支持社区组织的发展，为它们提供必要的资源。同时，政府还应加强对社区治理的

---

① 俞可平：《走向善治》，中国文史出版社，2016。

监督和评估，确保各项政策得到有效执行，社区治理工作取得实效。其次，要积极培育和发展社区组织。这些组织可以作为政府与居民之间的桥梁，帮助传达政府政策，同时反映居民的需求和意见。通过组织各类社区活动，社区组织可以增强居民的凝聚力和归属感，促进社区内部的和谐与稳定。再次，还需要增强居民参与社区治理的意识和能力。通过教育和培训，提升居民对社区治理的认识水平和参与度，使他们能够积极地参与到社区事务中来。最后，鼓励居民自发组织各类社区活动，增强社区的活力和凝聚力。在构建多元、参与、合作的治理格局的过程中，还需要注重移民群体的特殊需求。针对移民在生计发展、市民身份转换等方面面临的困难，社区应提供有针对性的支持和帮助。通过发展社区产业、提供就业培训等方式，帮助移民提高就业能力和生活水平。同时，加强移民的市民意识培养，促进他们更好地融入城市社会。总之，构建多元、参与、合作的治理格局是实现移民社区治理现代化的重要途径。通过强化政府引领、培育社区组织、加强居民参与以及关注移民特殊需求等措施，可以推动移民社区的全面发展，实现社区的和谐稳定。

参考文献

白南生、卢迈:《中国农村扶贫开发移民:方法和经验》,《管理世界》2000年第3期。

白永秀、宁启:《易地扶贫搬迁机制体系研究》,《西北大学学报》(哲学社会科学版)2018年第4期。

包俊林:《基于467户广西水库移民社会适应的调查研究》,《水力发电》2018年第6期。

包智明、孟琳琳:《生态移民对牧民生产生活方式的影响——以内蒙古正蓝旗敖力克嘎查为例》,《西北民族研究》2005年第2期。

曹现强、朱明艺:《城市化进程中的城乡空间正义思考》,《理论探讨》2014年第1期。

曹志杰、安学斌:《欧洲跨境移民社会治理模式、实践与经验》,《河北学刊》2016年第2期。

陈东景、徐中民、程国栋、张志强、苏志勇、林清、张海涛:《恢复额济纳旗生态环境的支付意愿研究》,《兰州大学学报》2003年第3期。

陈洪涛:《为什么要用"社会组织"》,《中国非营利评论》2008年第1期。

陈坚:《易地扶贫搬迁政策执行困境及对策——基于政策执行

过程视角》，《探索》2017 年第 4 期。

陈经富：《半熟人社会：理解当代乡村社会治理的一个重要概念》，《邢台学院学报》2021 年第 3 期。

陈静梅、李凤英：《记忆理论视角下生态移民的文化适应探究——以贵州省榕江县丰乐社区为例》，《广西民族研究》2019 年第 5 期。

陈强、沙川淇、潘选明、陈汐菡：《移民搬迁与彝族地区社会治理研究——以 Z 县 B 乡 J 村为例》，《四川省社会主义学院学报》2020 年第 4 期。

陈胜东、蔡静远、廖文梅：《易地扶贫搬迁对农户减贫效应实证分析——基于赣南原中央苏区农户的调研》，《农林经济管理学报》2016 年第 6 期。

陈潭、史海威：《社区治理的理论范式与实践逻辑》，《求索》2010 年第 8 期。

陈文娟、段小红：《农户对易地扶贫搬迁政策实施效果满意度研究——以甘肃省武威市移民区为例》，《资源开发与市场》2020 年第 12 期。

陈晓毅：《城市外来少数民族文化适应的三层面分析模式——以深圳"中国民俗文化村"员工为例》，《贵州民族研究》2005 年第 5 期。

陈祎、成媛：《脱贫攻坚背景下宁夏生态移民心理距离与交往意愿实证研究》，《西南民族大学学报》（人文社科版）2019 年第 7 期。

成随强、刘养卉：《易地扶贫搬迁中的就业问题研究——以通渭县为例》，《社科纵横》2013 年第 3 期。

程虹娟、张春和、龚永辉：《大学生社会支持的研究综述》，

《成都理工大学学报》（社会科学版）2004 年第 1 期。

程丹、王兆清、李富忠：《易地扶贫搬迁研究——以山西省五台县为例》，《天津农业科学》2015 年第 1 期。

丛玉飞、任春红：《城市外来务工人员社会疏离感影响因素分析——以长三角和珠三角为例》，《中共福建省委党校学报》2016 年第 8 期。

戴庆中：《混杂与融合：少数民族生态移民社区文化重建图景研究》，《贵州社会科学》2013 年第 12 期。

杜发春：《国外生态移民研究述评》，《民族研究》2014 年第 2 期。

杜发春：《三江源生态移民研究》，中国社会科学出版社，2014。

杜健梅、风笑天：《人际关系适应性：三峡农村移民的研究》，《社会》2000 年第 8 期。

方坤：《重塑文化空间：公共文化服务建设的空间转向》，《云南行政学院学报》2015 年第 6 期。

费孝通：《江村经济》，北京联合出版公司，2021。

费孝通：《乡土中国　生育制度》，北京大学出版社，1998。

《费孝通译文集》，费孝通译，群言出版社，2002。

风笑天：《安置方式、人际交往与移民适应——江苏、浙江 343 户三峡农村移民的比较研究》，《社会》2008 年第 2 期。

风笑天：《"落地生根"？——三峡农村移民的社会适应》，《社会学研究》2004 年第 5 期。

冯雪红、聂君：《宁夏回族生态移民迁移意愿与迁移行为调查分析》，《兰州大学学报》（社会科学版）2013 年第 6 期。

冯雪红、王玉强：《畜牧业的式微与石刻业的兴盛——青海和日村藏族生态移民后续产业民族志》，《西北民族研究》2017 年第

2 期。

付少平、赵晓峰：《精准扶贫视角下的移民生计空间再塑造研究》，《南京农业大学学报》（社会科学版）2015 年第 6 期。

葛剑雄、安介生：《移民与中国传统文化》，三晋出版社，2022。

缑元有、王君华：《论水库移民的社会适应性调整》，《华北水利水电学院学报》（社会科学版）2000 年第 3 期。

郭岚：《黄兰红、徐杰舜、蒋中意的〈新九龙山村的幸福生活——武义县九龙山村下山脱贫的人类学考察〉出版》，《广西民族大学学报》（哲学社会科学版）2009 年第 5 期。

韩莉丽：《牧民定居过程中社会关系网络的重构——以甘肃肃南县白银蒙古族乡为例》，硕士学位论文，西北民族大学，2012。

郝玉章、风笑天：《三峡外迁移民的社会适应性及其影响因素研究——对江苏 227 户移民的调查》，《市场与人口分析》2005 年第 6 期。

何得桂、党国英：《西部山区易地扶贫搬迁政策执行偏差研究——基于陕南的实地调查》，《国家行政学院学报》2015 年第 6 期。

何雪松：《社会理论的空间转向》，《社会》2006 年第 2 期。

何雪松：《社会支持的动态变化：关于香港新移民妇女的研究》，《南方人口》2007 年第 1 期。

侯双：《生计资本、外部环境与扶贫移民生计发展——以甘肃省 L 县集中安置移民搬迁为例》，硕士学位论文，华中师范大学，2016。

胡荣：《影响村民社会交往的因素分析》，《厦门大学学报》（哲学社会科学版）2005 年第 2 期。

黄海燕、王永平：《城镇安置生态移民可持续发展能力评价研究——基于贵州生态移民家庭的调研》,《农业现代化研究》2018年第4期。

黄健:《复杂系统视角的水库移民社会网络研究》,《统计与决策》2012年第11期。

焦克源、王瑞娟:《少数民族地区生态移民效应分析——基于内蒙古孪井滩的田野调查》,《内蒙古社会科学》(汉文版)2008年第5期。

解彩霞:《三江源生态移民的社会适应研究》,硕士学位论文,兰州大学,2019。

解彩霞:《三江源生态移民社会适应与回迁愿望分析》,《攀登》2010年第6期。

金莲、王永平:《生态移民生计风险与生计策略选择研究——基于城镇集中安置移民家庭生计资本的视角》,《贵州财经大学学报》2020年第1期。

金莲、王永平、黄海燕:《生态移民可持续发展研究——基于贵州省易地扶贫搬迁农户调研的大数据》,中国社会科学出版社,2021。

金莲、王永平、马赞甫、周丕东、黄海燕、刘希磊:《国内外关于生态移民的生计资本、生计模式与生计风险的研究综述》,《世界农业》2015年第9期。

金敏:《三峡百万移民纪实》,中国三峡出版社,2000。

景天魁、何健、邓万春、顾金土:《时空社会学:理论和方法》,北京师范大学出版社,2012。

黎洁:《陕西安康移民搬迁农户生计选择与分工分业的现状与影响因素分析——兼论陕南避灾移民搬迁农户的就地就近城镇化》,《西安交通大学学报》(社会科学版)2017年第1期。

黎熙元、陈福平：《社区论辩：转型期中国城市社区的形态转变》，《社会学研究》2008 年第 2 期。

李春敏：《列斐伏尔的空间生产理论探析》，《人文杂志》2011 年第 1 期。

李芬、风笑天：《乡镇移民安置与社会网络支持》，《城市问题》2003 年第 5 期。

李寒湜、徐德顺、王大树：《中国社区治理现状及探索——以北京市社区治理为例》，《经济研究参考》2015 年第 45 期。

李锦：《四川横断山区生态移民的风险与对策研究》，《中南民族大学学报》（人文社会科学版）2008 年第 2 期。

李娜：《滇中彝区易地扶贫搬迁移民的社会适应——以永仁县彝族移民为例》，《毕节学院学报》2010 年第 7 期。

李培林、王晓毅：《移民、扶贫与生态文明建设——宁夏生态移民调研报告》，《宁夏社会科学》2013 年第 3 期。

李强：《社会分层与社会空间领域的公平、公正》，《中国人民大学学报》2012 年第 1 期。

李强：《社会支持与个体心理健康》，《天津社会科学》1998 年第 1 期。

李强、李凌：《农民工的现代性与城市适应——文化适应的视角》，《南开学报》（哲学社会科学版）2014 年第 3 期。

李庆、黄诗颖：《水库移民社会治理创新研究》，《人民长江》2016 年第 14 期。

李廷宪等编著《社会适应论》，安徽人民出版社，1998。

李婷婷、张杏梅：《宁夏生态移民居住文化适应情况调查——以宁夏红寺堡区弘德村为例》，《山西师范大学学报》（自然科学版）2018 年第 3 期。

李文静：《社会工作在社区治理创新中的作用研究》，《华东理工大学学报》（社会科学版）2014 年第 4 期。

林晶晶、林宗平：《社会融入视角下生态移民社区的治理路径研究——以成都市生态移民集中安置为例》，《地方治理研究》2020 年第 3 期。

林聚任：《新城乡空间重构与城乡融合发展》，《山东大学学报》（哲学社会科学版）2022 年第 1 期。

林聚任、向维：《涂尔干的社会空间观及其影响》，《西北师大学报》（社会科学版）2018 年第 2 期。

刘芳：《桥接型社会资本与新移民社会融入——兼论社会组织与基层社区对新移民融入的推动作用》，《学习论坛》2015 年第 11 期。

刘建娥：《乡-城移民社会融入的实践策略研究——社区融入的视角》，《社会》2010 年第 1 期。

刘建娥：《中国乡—城移民的城市社会融入》，社会科学文献出版社，2011。

刘少杰：《从物理学到现象学：空间社会学的知识基础转移》，《社会科学战线》2019 年第 9 期。

刘少杰：《社会学的现代性、后现代性和前现代性》，《天津社会科学》2005 年第 2 期。

刘少杰：《以实践为基础的当代空间社会学》，《社会科学辑刊》2019 年第 1 期。

刘伟、黎洁：《提升或损伤？易地扶贫搬迁对农户生计能力的影响》，《中国农业大学学报》2019 年第 3 期。

刘志军、孙泽建：《外迁三峡移民的社会融入——基于浙江嘉善 H 村 13 户移民的研究》，《广西民族大学学报》（哲学社会科学版）2012 年第 5 期。

刘志山主编《移民文化及其伦理价值》，商务印书馆，2010。

刘宗华：《乡村振兴视角下农民亲环境行为调查——以宜昌市为例》，《西部经济管理论坛》2019 年第 4 期。

龙彦亦、刘小珉：《易地扶贫搬迁政策的"生计空间"视角解读》，《求索》2019 年第 1 期。

卢舟：《水库移民城镇化安置的社会风险及其治理——以云南楚雄青山嘴水库移民安置为例》，《经济研究导刊》2018 年第 13 期。

鲁顺元：《三江源区生态移民社会适应问题的调查与思考》，《青海师范大学学报》（哲学社会科学版）2009 年第 5 期。

罗凌云、风笑天：《三峡农村移民经济生产的适应性》，《调研世界》2001 年第 4 期。

罗银新、胡燕、滕星：《从鸿沟到共生：易地扶贫搬迁人员文化适应的特征及教育策略》，《当代教育与文化》2020 年第 5 期。

马丙奎：《现代公共文化服务体系中加强基层文化队伍建设的思考》，《时代金融》2019 年第 21 期。

马德峰：《影响三峡外迁农村移民社区适应性的客观因素——来自江苏省大丰市首批三峡移民的调查》，《管理世界》2002 年第 10 期。

马克思：《资本论》（第三卷），人民出版社，1975。

《马克思恩格斯全集》（第二十卷），人民出版社，1971。

马良灿、陈淇淇：《易地扶贫搬迁移民社区的治理关系与优化》，《云南大学学报》（社会科学版）2019 年第 3 期。

马荣芳、骈玉明：《宁夏农垦生态移民的社会关系适应性调查》，《中国农垦》2013 年第 7 期。

马伟华、李修远：《民族地区脱贫攻坚与乡村振兴有效衔接的实践路径研究——基于宁夏闽宁镇的调查》，《贵州民族研究》2022 年第 4 期。

倪瑛：《移民经济与西部地区发展》，科学出版社，2012。

聂君：《宁夏生态移民社会关系重构影响因素与干预策略研究》，《北方民族大学学报》2020 年第 3 期。

潘可礼：《亨利·列斐伏尔的社会空间理论》，《南京师大学报》（社会科学版）2015 年第 1 期。

潘泽泉：《社会空间的极化与隔离：一项有关城市空间消费的社会学分析》，《社会科学》2005 年第 1 期。

祁进玉：《三江源地区生态移民的社会适应与社区文化重建研究》，《中央民族大学学报》（哲学社会科学版）2015 年第 3 期。

任国英：《内蒙古鄂托克旗生态移民的人类学思考》，《黑龙江民族丛刊》2005 年第 5 期。

荣仕星、徐杰舜主编《人类学本土化在中国》，广西民族出版社，1998。

沈洁：《当代中国城市移民的居住区位与社会排斥——对上海的实证研究》，《城市发展研究》2016 年第 9 期。

施国庆：《移民权益保障与政府责任》，吉林人民出版社，2009。

石德生：《三江源生态移民的生活状况与社会适应——以格尔木市长江源生态移民点为例》，《西藏研究》2008 年第 4 期。

时蓉华：《个人的社会化过程》，《上海青少年研究》1983 年第 12 期。

宋丽英：《托夫勒谈第四次浪潮》，《医院管理》1984 年第 6 期。

孙永珍、高春雨：《新时期我国易地扶贫搬迁安置的理论研究》，《安徽农业科学》2013 年第 36 期。

邰秀军、鲁建杰：《易地搬迁与生计重建：21 世纪的黄土高原生态移民户》，中国财政经济出版社，2020。

覃志敏：《社会网络与移民生计的分化发展——以桂西北集中安置扶贫移民为例》，知识产权出版社，2016。

唐利平、马德峰：《三峡水库外迁农村移民社会适应的社会学解读》，《水利发展研究》2007 年第 12 期。

陶格斯：《浅谈镶黄旗生态移民在呼和浩特市郊区的社会适应性》，《华北农学报》2006 年第 S3 期。

田凯：《关于农民工的城市适应性的调查分析与思考》，《社会科学研究》1995 年第 5 期。

吴晓萍、刘辉武等：《西南民族地区易地扶贫搬迁移民的社会适应研究》，人民出版社，2021。

习近平：《摆脱贫困》，福建人民出版社，1992。

习近平：《习近平谈治国理政》第三卷，外文出版社，2020。

夏建中：《治理理论的特点与社区治理研究》，《黑龙江社会科学》2010 年第 2 期。

熊易寒：《移民政治：当代中国的城市化道路与群体命运》，复旦大学出版社，2019。

叶菁菁、王文烂：《福建省"造福工程"成效探讨——基于搬迁农户生计资本的视角》，《发展研究》2016 年第 2 期。

叶树根：《关于黔东南州易地扶贫搬迁群众后续发展的调查研究》，载《2016 年首届哲学社会科学智库名家·贵州学术年会优秀论文集》，2016。

张铁军：《生态移民社会适应问题研究》，《理论建设》2012 年第 3 期。

张永理编著《社区治理》，北京大学出版社，2014。

郑杭生主编《社会学概论新修》（第三版），中国人民大学出版社，2003。

郑瑞强、王英、涂海华：《适应期扶贫移民生计贫困多维测度与政策蕴含》，《商业研究》2015 年第 11 期。

中共中央党史和文献研究院编《习近平扶贫论述摘编》，中央文献出版社，2018。

周清清、赵恒：《生态移民过程中的社会适应、安置问题研究——以贵州省土地资源稀缺地区为例》，《现代妇女》（下旬）2015 年第 1 期。

周晓虹：《传统与变迁：江浙农民的社会心理及其近代以来的嬗变》，生活·读书·新知三联书店，1998。

周晓虹：《流动与城市体验对中国农民现代性的影响——北京"浙江村"与温州一个农村社区的考察》，《社会学研究》1998 年第 5 期。

附　录

"易地扶贫搬迁移民的社会适应性" 调查问卷

问卷编号　　　　　　调查地点　　　　　　日期

尊敬的朋友：您好！

为了解当前禾润村的发展情况，我们开展了本次问卷调查工作。问卷采用的是匿名的形式，我们将严格保密，不会泄露您的信息。希望您可以结合实际进行选择，填写有关意见或建议。感谢您的理解与支持，祝您生活愉快、万事顺意！

【填答问卷说明】

1. 请您于横线上填写内容或在选项上做 "O" 的标记。

2. 如未标注可多选，各题目仅可选出一项内容。

3. 如您在作答的过程中发现自身并不涉及该题的内容，请以 "△" 做出标记。

一　基本信息

A1. 性别：1. 男　2. 女

A2. 籍贯：1. 银川　2. 吴忠　3. 西吉　4. 中卫　5. 石嘴山

6. 其他

A3. 民族：1. 汉族　2. 回族　3. 满族　4. 其他

A4. 年龄：1. 20 岁及以下　2. 21~30 岁　3. 31~40 岁

4. 41~50 岁　5. 51~60 岁　6. 60 岁以上

A5. 文化程度：1. 没有受过任何教育　2. 扫盲班、小学没毕业

3. 小学　4. 初中　5. 高中　6. 中专、技校　7. 大专、高职

8. 大学本科　9. 研究生及以上　10. 其他

A6. 政治面貌：1. 中共党员　2. 共青团员　3. 民主党派

4. 群众

A7. 户口：1. 本地农业户口　2. 本地非农业户口

3. 外地农业户口　4. 外地非农业户口　5. 其他

A8. 居住类型：1. 城市商品房　2. 拆迁安置楼房

3. 农村宅基地　4. 廉租房类型　5. 公租房　6. 其他

A9. 职业：1. 国家机关、党群组织、企业、事业单位人员

2. 专业技术人员　3. 种植业　4 养殖业　5. 个体工商业

6. 生产、运输设备操作人员及有关人员　7. 打零工

8. 已退休　9. 无职业、待业　10. 其他

二　婚姻、家庭情况

B1. 婚姻情况：

1. 未婚——跳到 B6　2. 已婚　3. 离异　4. 丧偶

5. 独身——跳到 B6

B2. 您多少岁结的婚？（如果是多次婚姻，只填初婚年龄）

1. 18 岁以下　2. 18~20 岁　3. 21~23 岁　4. 24~26 岁

5. 27~30 岁　6. 30 岁以上

B3. 您与配偶的结识方式？

1. 自由恋爱　2. 父母做主　3. 亲戚介绍　4. 同学、朋友介绍

5. 婚介公司　6. 网络　7. 其他

B4. 您的配偶是哪里人：

1. 本村的　2. 周围村子的　3. 宁夏其他县市的　4. 其他省的

5. 其他

B5. 搬迁后习俗是否发生了变化？

1. 发生了变化　2. 没有发生变化

B6. 您的家庭结构是：

1. 父母和未婚子女组成的家庭

2. 父母和一对已婚子女组成的家庭

3. 父母和多对已婚子女组成的家庭

4. 离婚者与子女组成的家庭

5. 其他

B7. 对于居住情况的变化？

1. 居住条件变好了　2. 搬迁前居住条件更好

三　经济生活方式

C1. 您的家庭月收入水平：1. 1000 元以下　2. 1000~3000 元

3. 3001~5000 元　4. 5001~7000 元　5. 7001~9000 元

6. 9001~11000 元　7. 11000 元以上

C2. 您的家庭收入主要来源（可以多选）

1. 务农　2. 养殖　3. 打工　4. 做生意　5. 土地租金

6. 社会养老保险　7. 补贴救济

8. 行政事业单位工资　9. 其他

C3. 近些年您的家庭收入是否有变化：

1. 基本未变　2. 略有增加　3. 明显增加　4. 略有下降

5. 明显下降　6. 其他

C4. 您的家庭人口数有：1. 3 人以下　2. 3~4 人　3. 5~6 人

4. 6 人以上

C5. 您的家庭劳动力人数有：

1. 0 人　2. 1~2 人　3. 3~4 人　4. 5~6 人　5. 6 人以上

C6. 您的家人务工的经商地点主要在：

1. 本村　2. 银川市　3. 固原市、中卫市、石嘴山市　4. 外省

5. 其他

C7. 您的家庭消费最多的是：

1. 吃、穿、用的开支　2. 购房　3. 子女教育　4. 看病吃药

5. 文化娱乐　6. 人情费用　7. 子女结婚费用　8. 其他费用

C8. 您有休闲生活吗：

1. 有　2. 没有

C9. 您在闲暇时间主要做哪些事（可以多选）

1. 看电视、听广播　2. 健身　3. 上网、玩手机　4. 看书

5. 打牌　6. 串门儿、聊天　7. 其他

C10. 您认为从农村移民到禾润村，对您最大的影响是什么（可以多选）

1. 经济生活　2. 宗教信仰　3. 价值观念　4. 生活方式

5. 没有影响　6. 其他

C11. 为您提供最大经济支持的人员身份是？（可以多选）

1. 家人　2. 亲戚　3. 邻居　4. 同学　5. 同村移民　6. 朋友

7. 村干部　8. 信贷工作人员　9. 没有人　10. 遇到事情不说

C12. 重大事情向谁咨询？（可以多选）

1. 家人　2. 亲戚　3. 邻居　4. 同学　5. 同村移民　6. 朋友

7. 村干部　8. 信贷工作人员　9. 没有人　10. 遇到事情不说

C13. 生病时照顾您的人是谁？（可以多选）

1. 家人　2. 亲戚　3. 邻居　4. 同学　5. 同村移民　6. 朋友

7. 村干部　8. 信贷工作人员　9. 没有人　10. 遇到事情不说

C14. 您烦心的时候向谁倾诉？（可以多选）

1. 家人 2. 亲戚 3. 邻居 4. 同学 5. 同村移民 6. 朋友

7. 村干部 8. 信贷工作人员 9. 没有人 10. 遇到事情不说

C15. 近一段时间您和谁一起进行社会活动？（可以多选）

1. 家人 2. 亲戚 3. 邻居 4. 同学 5. 同村移民 6. 朋友

7. 村干部 8. 信贷工作人员 9. 没有人 10. 遇到事情不说

四 社会交往

D1. 您交往较多的人是（可以多选）

1. 亲戚 2. 邻居 3. 老乡 4. 同事 5. 同学 6. 朋友

7. 其他

D2. 交往的内容主要是（可以多选）

1. 相互去家里玩 2. 参加对方的红白喜事

3. 见面打招呼 4. 一起逛街

D3. 在遇到邻里纠纷时，您会优先考虑哪种方式解决问题？

1. 村干部 2. 亲戚 3. 朋友、同学 4. 邻居 5. 司法所

6. 其他

D4. 在发生家庭矛盾时，您会优先考虑哪种方式解决问题？

1. 村干部 2. 亲戚 3. 朋友、同学 4. 邻居 5. 司法所

6. 其他

D5. 在家里出现突发状况时，您会优先考虑哪种方式？

1. 村干部 2. 亲戚 3. 朋友、同学 4. 邻居 5. 司法所

6. 其他

D6. 在需要获取工作信息时，您会优先考虑哪种方式？

1. 村干部 2. 亲戚 3. 朋友、同学 4. 邻居 5. 其他

D7. 在出现红白喜事时，您会优先考虑哪种方式获得帮助？

1. 村干部　2. 亲戚　3. 朋友、同学　4. 邻居　5. 其他

D8. 在遇到生活困难时，您会优先考虑哪种帮助方式？

1. 村干部　2. 亲戚　3. 朋友、同学　4. 邻居　5. 其他

五　村庄治理与发展

E1. 您对社区治理的满意度怎样：

1. 满意　2. 不满意

E2. 您认为当地村务公开情况怎样：

1. 非常好，村委能及时公示各项村务

2. 不太好，村务公开不够及时

3. 不好，流于形式

4. 不清楚

E3. 您认为村代会与村民会的作用如何：

1. 非常有用，能解决村里实际问题　2. 作用一般，有待提高

3. 作用不大，流于形式　4. 根本没召集过　5. 不太了解

E4. 您认为村干部的产生方式是？

1. 全体村民选举产生　2. 村民代表选举产生　3. 上级任命的

4. 不知道　5. 其他

E5. 您认为村干部应满足的要求是？（可以多选）

1. 有较强的经济实力　2. 有广泛的人脉关系

3. 能为村民着想　4. 办事公道、民主

5. 有带领村民致富的本事　6. 有较强的领导和组织能力

7. 其他

E6. 您希望村干部是什么样的人？

1. 村庄有威信的能人　2. 工商业成功人士　3. 以前的村干部

4. 党员　5. 其他

E7. 您较为重视的村内重大事件是？（可以多选）

1. 村干部的人选　2. 村集体收入　3. 宅基地的分配和使用

4. 土地承包经营权　5. 社会福利及社会保障

6. 水电路灯基础设施建设　7. 社会治安　8. 医疗卫生

9. 其他

E8. 您认为什么会对村内安全产生重要的影响？（可以多选）

1. 法律、法规　2. 村委会的作用　3. 村规民约　4. 农村的舆论

5. 村民的素质　6. 其他

E9. 您是否接受过培训服务？

1 参加过　2. 没有参加过——跳到 E11

E10. 您认为培训是否有用？

1. 帮助很大，培训后就找到工作了

2. 没有什么帮助，找的工作与培训没有什么关系

3. 培训的都是就业饱和的技能

4. 其他

E11. 您为何不参与培训？

1. 没人组织过　2. 不感兴趣　3. 参加了也没用

4. 一直有工作　5. 其他

E12. 您参加的社保有？（可以多选）

1. 城镇居民基本养老保险　2. 农村新型养老保险　3. 医疗保险

4. 商业保险　5. 其他

E13. 您认为社保是否有用？

1. 作用很大　2. 有点作用　3. 没有作用　4. 不知道

E14. 您是否参与过当地的组织（文体组织、经济组织等）？

1. 参加过　2. 没参加过　3. 社区没有这些社会组织

E15. 您对以下内容的看法是？

收入水平：1. 非常好　2. 较好　3. 一般　4. 不太好

5. 很不好　6. 不清楚

就业情况：1. 非常好　2. 较好　3. 一般　4. 不太好

5. 很不好　6. 不清楚

家庭生活：1. 非常好　2. 较好　3. 一般　4. 不太好

5. 很不好　6. 不清楚

健康状况：1. 非常好　2. 较好　3. 一般　4. 不太好

5. 很不好　6. 不清楚

邻里关系：1. 非常好　2. 较好　3. 一般　4. 不太好

5. 很不好　6. 不清楚

E16. 您认为 5 年前与现在相比哪方面变化最为明显？

1. 村庄环境　2. 社会治安　3. 村集体经济　4. 干群关系

5. 村里人际关系

E17. 您认为社区环境服务与设施的情况如何：

环境卫生：1. 非常好　2. 较好　3. 一般　4. 不太好

5. 很不好　6. 不清楚

治安状况：1. 非常好　2. 较好　3. 一般　4. 不太好

5. 很不好　6. 不清楚

村内道路：1. 非常好　2. 较好　3. 一般　4. 不太好

5. 很不好　6. 不清楚

村外交通：1. 非常好　2. 较好　3. 一般　4. 不太好

5. 很不好　6. 不清楚

社区服务：1. 非常好　2. 较好　3. 一般　4. 不太好

5. 很不好　6. 不清楚

文体设施：1. 非常好　2. 较好　3. 一般　4. 不太好

5. 很不好　6. 不清楚

纠纷调解：1. 非常好　2. 较好　3. 一般　4. 不太好

5. 很不好　6. 不清楚

活动场所：1. 非常好　2. 较好　3. 一般　4. 不太好

5. 很不好　6. 不清楚

养老服务：1. 非常好　2. 较好　3. 一般　4. 不太好

5. 很不好　6. 不清楚

医疗服务：1. 非常好　2. 较好　3. 一般　4. 不太好

5. 很不好　6. 不清楚

学校教育：1. 非常好　2. 较好　3. 一般　4. 不太好

5. 很不好　6. 不清楚

E18. 您是否对于禾润村的发展还有其他看法以及建议？

访谈提纲

一　社区工作人员

1. 禾润村现共居住多少人？有多少易地扶贫搬迁移民？有多少社区工作人员？

2. 社区老年人和青少年（66 岁以上的老年人、13～18 岁初中阶段、高中阶段青少年）数量？其中易地扶贫搬迁的老年人、青少年数量是多少？

3. 社区现有的产业、公共设施状况？

4. 社区居委会如何管理社区？有哪些亮点？

5. 村民和物业之间的关系如何？

6. 移民融入新环境的情况？遇到的问题？

7. 当地人对移民的态度如何？有无出现矛盾？

8. 社区如何解决移民的就业问题？有哪些岗位？有无专门针

对残疾人、低龄老年人（60～70岁有就业能力的老年人）、留守妇女的就业岗位？老年人有哪些福利待遇？

9. 您认为现阶段移民就业工作主要存在哪些问题和困难？如何解决？

二　社区移民

（一）基本情况

1. 您搬迁前家里居住的房子有多大？住了几口人？多久搬来的？

2. 您户口有无迁出？原因是？您认为迁户口是否会产生影响？认为自身的身份是农民还是市民？原因是？

3. 现在居住的房子有多大？共住了几口人？搬迁前吃了饭后平时主要做些什么（闲暇活动）？搬迁时有亲戚、邻居跟您一起搬过来吗？

4. 与搬迁前相比，您认为环境产生了哪些变化，如基础设施、小区环境以及住宅布局等？影响如何？您的适应情况如何？（现在出门方便吗？一般坐什么车？搬来之前一般看病在哪里看？现在又在哪里看？医疗卫生条件怎么样？）

5. （老年人）您觉得农村和城市最大的差别在什么地方？更愿意待在哪里？

（二）家庭经济及就业情况

1. 您是否有土地，还种地吗？若有，土地现在是什么状态（闲置、承包、流转）？您希望土地最好用来做什么？如果现在有足够合理的补偿，您愿意放弃自己的土地吗？

2. 搬迁后主要从事什么工作？从哪儿获取的就业信息？遇到的阻碍是什么？年收入有多少？对现在的工作是否满意？有没有参加过就业培训？是否有帮助？您最希望得到的培训是？

3. 您是否曾外出务工？愿意前往外地就业吗？现阶段就业的主要问题是？希望得到什么帮助？

4. 现在的家庭支出和老家相比有没有变化？变化体现在哪儿？产生了何种影响？

5. 搬迁前您家的主要收入来源是？现在您家主要的收入来源是？现在家里的收入与搬迁前相比有没有增加？增加的收入来源是什么？

6. 您认为禾润村的生活水平如何？与未搬迁时相比生活质量是否得到了提高？具体体现在哪些方面？

（三）社会关系及社会交往

1. 在老家，您遇到困难一般会找谁帮忙？您现在遇到困难会找谁帮忙？您在社区或银川是否有亲戚？有无为您提供帮助？帮助的内容是？现在如果有亲朋、邻居请您帮忙，您会怎样对待？

2. 您认识附近的邻居吗？来往是否频繁？会为彼此提供帮助吗？交往较多的主要是？他们来自哪里？您与社区居民（当地人）有来往吗？若有，通常在什么情况（串门儿、婚丧嫁娶、文化娱乐活动）下来往？平时主要聊什么？若没有，为什么？

3. 您是否会参与社区活动？参加的是哪些活动？在老家您有没有参加村民代表大会？您现在与社区干部接触多吗？在老家您和别人交流的方式是？现在的交流方式是？

农村建房审批表

<table>
<tr><td rowspan="3">申请户主
信息</td><td>姓名</td><td></td><td>性别</td><td></td><td>身份证号</td><td></td></tr>
<tr><td>家庭住址</td><td colspan="5"></td></tr>
<tr><td>申请理由</td><td colspan="5"></td></tr>
<tr><td rowspan="5">拟批准
建房情况</td><td>宅基地面积</td><td colspan="2">m²</td><td>房基占地面积</td><td colspan="2">m²</td></tr>
<tr><td>地址</td><td colspan="5"></td></tr>
<tr><td rowspan="2">四至</td><td colspan="2">东至：</td><td>南至：</td><td colspan="2" rowspan="3">建房类型：
1. 翻建
2. 新建</td></tr>
<tr><td colspan="2">西至：</td><td>北至：</td></tr>
<tr><td>住房建筑面积</td><td colspan="2">m²</td><td>建筑层数</td><td>层</td></tr>
</table>

住房建筑面积 ___ m² 建筑层数 ___ 层 建筑高度 ___ m²

农业综合 服务中心 审查意见	（盖章） 负责人：　　　　年　月　日
镇政府 审批意见	（盖章） 负责人：　　　　年　月　日

农村建房申请表

<table>
<tr><td rowspan="2">申请户
主信息</td><td>姓名</td><td></td><td>性别</td><td></td><td>年龄</td><td>岁</td><td>联系电话</td><td></td></tr>
<tr><td>身份证号</td><td colspan="3"></td><td colspan="2">户口所在地</td><td></td><td></td></tr>
<tr><td rowspan="5">家庭成
员信息</td><td>姓名</td><td>年龄</td><td>与户主关系</td><td colspan="3">身份证号</td><td colspan="2">户口所在地</td></tr>
<tr><td></td><td></td><td></td><td colspan="3"></td><td colspan="2"></td></tr>
<tr><td></td><td></td><td></td><td colspan="3"></td><td colspan="2"></td></tr>
<tr><td></td><td></td><td></td><td colspan="3"></td><td colspan="2"></td></tr>
<tr><td></td><td></td><td></td><td colspan="3"></td><td colspan="2"></td></tr>
<tr><td>现宅基
地及农
房情况</td><td colspan="2">宅基地面积</td><td>m²</td><td>建筑面积</td><td colspan="2">m²</td><td colspan="2">权属证书号</td></tr>
<tr><td rowspan="7">拟申请
建房
情况</td><td colspan="2">宅基地面积</td><td colspan="2"></td><td>m²</td><td colspan="2">房基占地面积</td><td>m²</td></tr>
<tr><td colspan="2">地址</td><td colspan="6"></td></tr>
<tr><td rowspan="2" colspan="2">四至</td><td colspan="4">东至：南至：</td><td colspan="2" rowspan="2">建房类型：
翻建
新建</td></tr>
<tr><td colspan="4">西至：北至：</td></tr>
<tr><td colspan="2">地类</td><td colspan="4">是否为建设用地：是　否</td><td colspan="2"></td></tr>
<tr><td colspan="2">住房建筑面积</td><td>m²</td><td>建筑层数</td><td>层</td><td colspan="2">建筑高度</td><td>米</td></tr>
<tr><td colspan="8">是否征求相邻权利人意见：　1. 是　　2. 否</td></tr>
<tr><td colspan="8">是否有农房设计方案或拟采用的房屋建筑通用图集：　1. 是　　2. 否</td></tr>
<tr><td>申请
理由</td><td colspan="8">申请人：　年　月　日</td></tr>
<tr><td>村委会
意见</td><td colspan="8">（盖章）
负责人：　年　月　日</td></tr>
<tr><td>村民代
表大会
是否表
决通过</td><td colspan="8">负责人：　年　月　日</td></tr>
</table>

注：此表由建房农户填写，村委会负责审批。

后 记

　　探索和研究易地扶贫搬迁移民的社会适应状况是一项长期而复杂的工作，由于时间的紧迫、笔者研究能力的不足，虽然认真完成了写作，但书中依然存在诸多不足之处有待改进。追踪调查未能全面系统地反映移民的社会适应状况随时间推移发生的变化。移民的社会适应状况是随时间推移逐渐变化的，尽管本研究在第一轮调查研究的基础上进行了追踪研究，然而由于一些因素的限制，存在追踪间隔时间较短以及调研对象数量较少的问题，不能真实而全面地反映移民社会适应状况的变化特征。在后续的研究中，可以从长远的角度更系统地反映易地扶贫搬迁政策在帮助移民人口增加收入、提高生活质量以及实现可持续发展方面的成效。由于研究方法和调研对象数量的局限，在后续的相关研究中，可采用定性分析的方法，对移民搬迁后的社会适应状况进行描述与分析，同时进一步增强问卷设计和调查方法的科学性。本研究入户调查的对象是禾润村移民，由前文研究结果可知，移民的文盲率达到了 54.8%。整体受教育程度偏低、长期生活在农村导致移民的思想观念较为落后保守，如何设计通俗易懂的问卷，保证受访者反馈信息的真实准确，是今后应重点关注之处。关于移民社区的研究比较浅显，尚需进一步的研究。在未来的研究中，需深入探讨移民社区治理的具体策略和实施路径，以及如何更好地整合政府、社区、移民和社会各界的力量，共同推动移民社区的可持续发展，并关注移民社区在不同地域、不同文化背景下的差异性，为制定更加精准有效的政策提供理论依据。移民的社会适应和社区治理是复杂的问题，需要持续关注和深入研究，如此才能为我国的社区治理贡献更多的智慧与力量。

图书在版编目（CIP）数据

易地扶贫搬迁移民社会适应性：宁夏禾润村实践 /
马莉著 . --北京：社会科学文献出版社，2025.7.
ISBN 978-7-5228-5584-4

Ⅰ. F127.43；D632.4

中国国家版本馆 CIP 数据核字第 2025HR3730 号

易地扶贫搬迁移民社会适应性
——宁夏禾润村实践

著　　者／马　莉

出 版 人／冀祥德
责任编辑／庄士龙
责任印制／岳　阳

出　　版／社会科学文献出版社·群学分社（010）59367002
　　　　　　地址：北京市北三环中路甲 29 号院华龙大厦　邮编：100029
　　　　　　网址：www.ssap.com.cn
发　　行／社会科学文献出版社（010）59367028
印　　装／唐山玺诚印务有限公司

规　　格／开　本：787mm×1092mm　1/16
　　　　　　印　张：9.75　字　数：127 千字
版　　次／2025 年 7 月第 1 版　2025 年 7 月第 1 次印刷
书　　号／ISBN 978-7-5228-5584-4
定　　价／69.00 元

读者服务电话：4008918866